HISTOIRE POPULAIRE ILLUSTRÉE

DU BIENHEUREUX

LOUIS-MARIE
GRIGNON DE MONTFORT

PAR

L'ABBÉ H^me BOUTIN

LIBRAIRIE SAINT-JOSEPH

T. BITON. — Saint-Laurent-sur-Sèvre (Vendée)

Se vend au profit
de la construction de l'église du tombeau du Bienheureux

HISTOIRE POPULAIRE ILLUSTRÉE

DU BIENHEUREUX

LOUIS-MARIE GRIGNON DE MONTFORT

✝

DIEU SEUL

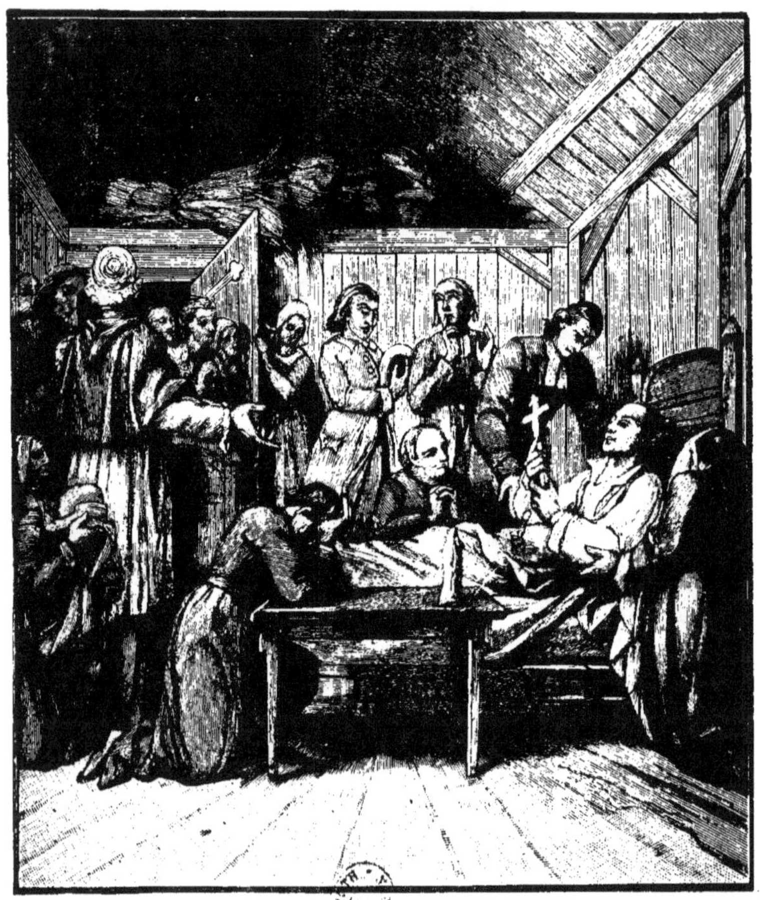

D'après une verrière de Claudius Lavergne.

« C'est en vain que tu m'attaques ; je suis entre Jésus et Marie... *Deo gratias et Mariæ !*... Je suis au bout de ma carrière... C'en est fait, je ne pécherai plus ! »

(Paroles du Bienheureux mourant, pp. 232, 233.)

HISTOIRE POPULAIRE ILLUSTRÉE

DU BIENHEUREUX

LOUIS-MARIE

GRIGNON DE MONTFORT

PAR

L'ABBÉ H^{te} BOUTIN

De nos aïeux, ces chrétiens nos modèles,
Tu fus l'apôtre, ô Bienheureux Montfort;
Rends-nous, comme eux, chrétiens fidèles
Jusqu'à la mort!...

(Cantique de la Béatification.

Se vend au profit
de la construction de l'église du tombeau du Bienheureux

LIBRAIRIE SAINT-JOSEPH

L.-J. BITON

SAINT-LAURENT-SUR-SÈVRE (VENDÉE)

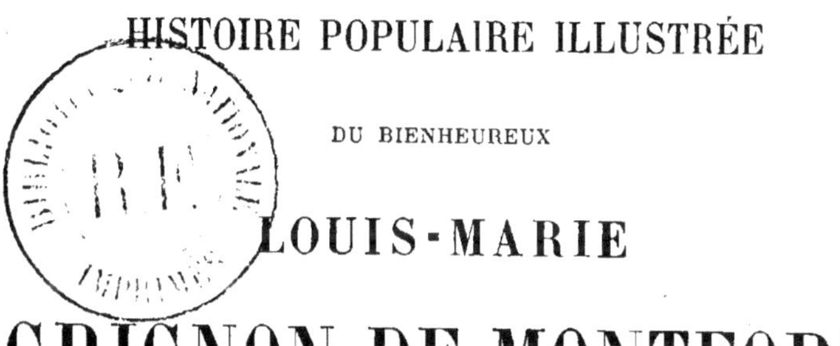

APPROBATION

DE SA GRANDEUR MGR L'ÉVÊQUE DE LUÇON

Cher monsieur Boutin,

Votre *Histoire populaire du Bienheureux Louis-Marie Grignon de Montfort* répond au but que vous vous êtes proposé en la composant.

Écrite dans le style simple, clair, onctueux, qui convient à ce genre de publication, elle est d'une grande exactitude historique et renferme une doctrine toujours sûre, un grand amour pour la sainte Église et un véritable parfum de piété; aussi ne saurait-elle manquer d'élever les âmes, en leur rendant plus chers les exemples et les enseignements du Bienheureux missionnaire.

J'espère, en outre, que votre travail provoquera de nombreuses et abondantes aumônes pour l'achèvement de l'église monumentale de Saint-Laurent-sur-Sèvre, que j'estime une œuvre diocésaine et vendéenne.

Veuillez, je vous prie, agréer, avec toutes mes félicitations et mes remerciements, l'expression de mon respectueux attachement et de tout mon dévouement en Notre-Seigneur.

† CLOV. Jh., év. de Luçon.

Luçon, le 20 janvier 1893.

Mes *Légendes des Saints du Propre de l'Église de Luçon* ont paru naguère, avec la double approbation de Sa Grandeur Mgr Catteau, évêque de Luçon, et du R. P. Dom Chamard, prieur de Saint-Maur-sur-Loire. J'ai ambitionné le même avantage pour mon *Histoire populaire du B. Montfort;* c'est pourquoi j'ai prié le savant bénédictin d'être encore, avec notre évêque vénéré, le *parrain* de cette œuvre. Dans la lettre qu'il m'a fait l'honneur de m'écrire, le R. P. Dom Chamard s'excuse d'*oser* joindre son approbation à celle de Mgr l'évêque de Luçon, *qui est*, dit-il, *doublement compétent pour apprécier mon travail;* puis il ajoute :

« Il est vrai que j'ai lu avec le plus grand intérêt votre *Vie populaire du Bienheureux Louis-Marie Grignon de Montfort.* Comme tout ce qui sort de votre cœur, mieux encore que de votre plume, ce résumé des vertus et des actes héroïques de l'Apôtre du Poitou et de la Bretagne, respire un parfum de piété uni à une science de bon aloi, qui produit à la fois l'édification et la lumière dans les âmes.

« Vous présentez avec simplicité les actions de cet homme d'autant plus digne d'admiration qu'il s'est élevé avec plus de courage au-dessus des préjugés de son siècle. C'est ce que n'ont pas assez fait ses biographes, vos prédécesseurs. Ils se sont crus obligés d'excuser ce qu'on appelait les excentricités de cet Apôtre de la croix, comme si *la folie de la croix* pouvait être exagérée dans un saint, après l'exemple qu'en a donné notre divin Rédempteur. On peut seulement dire que le Bienheureux Grignon de Montfort n'était pas de son siècle, qui, après s'être enorgueilli de sa nouvelle philosophie, devait finir dans l'ignominie du crime, de la tyrannie et de l'impiété révolutionnaire. Notre saint appartenait à cette phalange d'hommes apostoliques qui se sont fait gloire de ne connaître et de n'aimer que Jésus, et Jésus crucifié. Saint Paul, saint Antoine, saint Martin, saint Benoît, saint François d'Assise ont été, eux aussi, bafoués et méconnus, parce qu'ils prêchaient avec une sainte passion, et reproduisaient en leur conduite le mystère de la croix, qui sera toujours pour les mauvais chrétiens un scandale et une folie. En vérité, en pareille compagnie un homme de Dieu n'a pas besoin de justification. Ce n'est pas notre Bienheureux qui méritait le blâme, c'étaient ces chrétiens à la foi terne et affaiblie, qui vivaient de compromissions. Hélas! que nous aurions besoin, à l'heure présente, d'hommes de sa trempe, pour raviver parmi nous la vertu des temps antiques!

« Fasse le Ciel que votre ouvrage produise en un grand nombre d'âmes les fruits de salut que vous désirez! La Vendée et la Bretagne ont dû leur courage héroïque, pendant la Révolution, à la foi forte et profonde imprimée dans leurs cœurs par le Bienheureux Montfort; la lecture de votre livre contribuera, je l'espère, à y ranimer la ferveur et la vraie piété.

« Agréez, cher abbé, etc.

« Fr. François CHAMARD,

« Prieur de Saint-Maur de Glanfeuil. »

Saint-Maur, ce 23 février 1893.

AU LECTEUR

Nous ne mettrons point une longue préface en tête de ce livre. Trois mots seulement en diront au lecteur *le sujet*, *la méthode* et *le but*.

Le sujet :

C'est l'histoire admirable d'un bienheureux *Missionnaire* qui continua sur la terre *la mission* de Notre-Seigneur Jésus-Christ, en se dévouant au salut des âmes, et qui, pour être plus apte à accomplir cette œuvre rédemptrice, s'efforça de se rendre en tout conforme à son divin Modèle. Comme lui, il déclara ouvertement la guerre au monde et à ses maximes, attaqua son orgueil et sa sensualité ; comme lui, il donna l'exemple en sa personne, avant de donner la leçon en pratiquant l'humilité et la mortification, en prêchant partout l'amour de la croix. Quoi d'étonnant, après cela, qu'il ait partagé le sort de son Maître et Modèle, et ait été, comme lui, en butte à la contradiction, *signum cui contradicetur ?* Il s'y attendait, car le divin Maître n'a-t-il pas dit : *S'ils m'ont persécuté, ils vous persécuteront aussi.*

On a accusé Montfort de singularité, d'exagéra-

tion, d'excentricité. C'est l'objection que nous faisons
volontiers à quiconque nous dépasse de trop loin
dans la voie que nous devons suivre nous-mêmes;
objection qui n'est souvent qu'un aveu de notre peu
de zèle, de notre négligence, de notre lâcheté dans
le service de Dieu; objection qui, au XVIIIe siècle,
plus qu'en d'autres temps peut-être, devait se faire
jour dans l'esprit et sur les lèvres d'un grand
nombre.

On l'a dit, et cela est incontestable, le Bienheureux
Montfort ne fut pas de son temps par sa manière de
vivre et d'agir en toutes choses. N'étaient les dates
qui s'y opposent, on le prendrait volontiers pour un
compagnon de saint François d'Assise ou de saint
Dominique; comme eux, poussant l'amour de Jésus-
Christ et de sa croix jusqu'à la passion, jusqu'à une
sorte de folie; comme eux, grand thaumaturge;
émule du premier dans son amour de la pauvreté,
et du second par son zèle à propager l'excellente
dévotion du saint Rosaire.

Mais, de bonne foi, lui doit-on faire un crime
de n'avoir pas été de son siècle? Ne doit-on pas, au
contraire, rejeter la faute de cette dissemblance,
de ce désaccord sur son siècle même qui fut le siècle
du jansénisme, du gallicanisme, de la renaissance
païenne, des encyclopédistes, qui s'est personnifié
dans Voltaire et devait se terminer par la Révolution sanglante de 1793?...

Telle est, à notre sens, la vraie position de la
question.

Or qui peut le nier? la solution de la question

ainsi posée est entièrement favorable à notre héros. C'est lui qui avait raison; c'est son siècle qui avait tort. Lui, marchait dans les voies de la perfection évangélique, sous l'étendard de Jésus-Christ; son siècle, dans les voies du crime et de la perdition, sous la bannière de Satan.

De là cette opposition; de là cette contradiction; de là cette lutte qui sont, au demeurant, tout entières à la gloire de notre bienheureux Missionnaire.

La méthode :

Elle consiste dans l'exposé simple, clair et précis des faits qui illustrèrent cette sainte vie. Nous en avons éliminé, à dessein, les réflexions ascétiques trop longues ou trop multipliées. Les faits, généralement, parlent assez d'eux-mêmes, et le lecteur en saura bien tirer les conclusions morales, sans qu'il soit nécessaire de les lui suggérer. Écrivant une histoire abrégée et populaire, nous avons dû aussi retrancher de notre récit un certain nombre de faits secondaires et moins importants, afin de pouvoir donner aux faits principaux plus de relief et de couleurs. Nous avons cité la plupart des belles paroles attribuées au Bienheureux par ses historiens, voire même quelques-unes de ses admirables lettres, persuadé que c'est là l'une des plus excellentes manières de le faire connaître *intérieurement,* puisque, aussi bien, d'après la sainte Écriture, *la bouche parle de l'abondance du cœur.*

Le but :

Il est double et un. Nous le résumons dans ce seul mot : *édifier,* mot que nous désirons réaliser dans son sens propre et métaphorique, ou, si l'on aime mieux, matériellement et spirituellement.

Spirituellement, en disposant les cœurs à ces ascensions mystérieuses vers le bien dont parle le prophète-roi, et que provoque toujours l'exemple des saints qui, comme Montfort, ont bâti, sur le fondement de l'humilité et du renoncement, le bel édifice de leur sainteté.

Cette histoire *édifiera* ainsi, nous en avons l'espoir.

Matériellement, en abandonnant sans réserve le produit qu'on pourra retirer de la vente de ces pages, pour aider à la construction de l'église monumentale qui s'élève à Saint-Laurent-sur-Sèvre, à la gloire du Bienheureux Montfort.

Puisse notre petit livre être encore *très édifiant* de cette manière !

Nous le déposons, avec ce double vœu, sur la tombe du Bienheureux, en le priant de le bénir et de nous bénir nous-même du haut du ciel.

H^{TE} BOUTIN, prêtre.

Saint-Étienne-du-Bois, ce 3 décembre 1892.
En la fête de saint François Xavier, apôtre des Indes.

HISTOIRE POPULAIRE ILLUSTRÉE

DU BIENHEUREUX

LOUIS-MARIE GRIGNON DE MONTFORT

CHAPITRE PREMIER

Montfort, lieu de naissance du Bienheureux, à la fin du XVIIe siècle. — Naissance de Louis Grignon; sa famille. — Éducation domestique. — L'apôtre au foyer paternel; sa piété enfantine.

(1673-1685)

Vers la fin du XVIIe siècle, la petite ville de *Montfort-la-Cane* ou *Montfort-sur-Meu*, alors de l'ancien diocèse de Saint-Malo, aujourd'hui de l'archidiocèse de Rennes et sous-préfecture de l'*Ille-et-Vilaine*, pouvait encore revendiquer justement et méritait bien toute la signification de son nom.

C'était vraiment une petite *place forte sur une colline*.

Indépendamment des hautes murailles flanquées de tours formant son enceinte, la vieille cité bretonne était encore fortifiée par sa position même à mi-côte d'une sorte de bec ou promontoire escarpé, au confluent des deux rivières, le *Meu* et le *Garun*, dont les eaux alimentaient un lac qui baignait le pied de ses remparts et lui faisait comme une seconde défense naturelle [1]. Une sombre forêt couronnait la hauteur.

A cette époque, Montfort comprenait dans son enceinte trois paroisses : Saint-Jean, Saint-Nicolas et Coulon, et, de plus, une célèbre abbaye de religieux Augustins placée sous le patronage de l'apôtre saint Jacques.

C'est dans la paroisse de Saint-Jean, la plus importante des trois, que Louis Grignon naquit, le 31 janvier 1673, du mariage de Jean-Baptiste Grignon, sieur de la Bacheleraie, avocat au baillage de Montfort, et de Jeanne Robert de Launay, son épouse, fille d'un échevin de la ville de Rennes.

L'enfant fut baptisé le lendemain, 1er février, dans l'église de sa paroisse. Cette église n'existe plus aujourd'hui. Une gracieuse chapelle dédiée à saint Joseph a été construite sur son emplacement avec les derniers débris de ses ruines ; mais la maison dans laquelle il est né se voit encore, rue de *la Saunerie*, tout près de l'église actuelle de Montfort.

Voici, dans sa teneur, l'acte de baptême du bienheureux, extrait des registres de la paroisse de Saint-Jean : *Le trente-unième de janvier* 1673, *est né Louis Grignion, fils de notre honorable Jean-Baptiste Grignion et de demoiselle Jeanne Robert, sa femme, sieur et dame de la Bacheleraie, nos paroissiens.*

Il a été tenu sur les saints fonts du baptême par

---

[1] Il ne reste plus, à Montfort, que quelques ruines des anciennes fortifications, dont une tour servant de prison. Quant au lac, il a été desséché en 1761, et a fait place aux belles et vastes prairies que traverse maintenant la ligne du chemin de fer.

messire Louis Hubert, sieur de Beauregard, et de demoiselle Marie Lemoine, dame de Tressouet.

La cérémonie du baptême a été administrée dans l'église de Saint-Jean, par moi, soussigné, Pierre Hindré, prêtre, recteur d'icelle et doyen de Montfort.

La naissance de Louis Grignon de Montfort, toute inaperçue qu'elle fût pour ses concitoyens, n'en procura pas moins à sa ville natale plus de vraie gloire que tous les faits d'armes dont elle avait été le théâtre dans les siècles passés, alors que ses seigneurs maintenaient fièrement déployé sur ses tours de granit le drapeau de l'indépendance bretonne contre les armées du roi de France.

On peut dire, en effet, que jamais personne n'a illustré le nom de Montfort comme cet enfant l'illustra en le couronnant dans sa personne de l'immortelle auréole de la sainteté.

L'acte qu'on vient de lire nous apprend que l'enfant du sieur de la Bacheleraie avait reçu au baptême le nom de *Louis*. Plus tard, à sa confirmation, sa tendre dévotion pour la Mère de Dieu lui fit ajouter à ce premier nom celui de *Marie*. Enfin, quand il quitta le toit paternel, afin de mieux marquer son renoncement au monde, en même temps que sa respectueuse affection pour le lieu de son baptême, à l'exemple de son royal patron qui, pour la même raison, aimait à signer *Louis de Poissy*, il ne voulut plus être connu des hommes que sous le nom de *Montfort*. Le *Père Montfort*, tel est le nom sous lequel le peuple apprit à aimer et invoque encore aujourd'hui le bienheureux missionnaire.

Le nouveau-né fut mis en nourrice chez une vertueuse femme nommée Andrée, au village de *Saint-Lazare*, à deux kilomètres de Montfort. Nous aurons occasion de reparler de ce village où notre saint essaya ses premiers pas, bégaya ses premières paroles, où il se fit, plus tard, un ermitage pour converser plus librement avec Dieu dans la solitude et s'y livrer à son attrait pour les pénitences corporelles et la mortification des sens.

Du sein de sa nourrice il passa bientôt aux bras et sur les genoux de sa mère. C'est là, selon la belle expression d'un grand évêque, *le premier banc d'école* de l'enfance [1].

Toutes les mères doivent être des éducatrices, et il est d'expérience que l'enfant sera d'ordinaire ce que sa mère l'aura fait. Heureuses les mères qui comprennent l'importance de ce grand devoir !

« Chose remarquable et pas assez remarquée, écrit un historien du Bienheureux [2], presque tous les saints qui ont étonné le monde par les merveilles de leur vie, de leur charité, de leurs vertus, ont été élevés par une sainte mère : ainsi saint Augustin, saint Bernard, saint Louis, saint Dominique, et tant d'autres.

« La femme chrétienne qui, en prodiguant ses caresses et ses baisers à son enfant, lui parle de Dieu et de son ineffable tendresse, possède une grâce de conviction que l'enfant ne retrouvera jamais sur les lèvres d'aucun autre. »

Il ne saurait y avoir de doute sur ce point, c'est au cœur et sur les lèvres d'une pieuse mère que le jeune Grignon puisa, dès l'enfance, cet amour de Dieu et de

---

[1] Mgr Berteaud, ancien évêque de Tulle.
[2] M. l'abbé P.-M. Chauvin, curé-doyen de Montfort.

la très sainte Vierge qui devait embraser son âme et en faire une âme d'apôtre. Les leçons de vertu et de piété qu'il apprit à cette école maternelle, il ne les oublia jamais.

Pour nous servir d'une belle comparaison de nos livres saints, son enfance fut comme l'aurore de cette sainteté qui devait se manifester par une splendeur toujours croissante jusqu'à l'irradiation parfaite de son midi [1].

Peut-être doit-il à sa mère sa devise: *Dieu seul,* mots sublimes qui lui servirent continuellement de boussole pour orienter sa vie. Toujours est-il que le pieux enfant aimait à les répéter souvent, en vue de surnaturaliser et de sanctifier toutes ses actions.

Rien n'était doux, simple et charmant comme sa dévotion envers Marie. Son amour pour cette divine Mère semblait être né avec lui, a dit Grandet, son premier historien ; sans cesse il recourait à elle, l'appelant sa *Mère,* sa *bonne Mère,* sa *chère Mère.* A quatre ou cinq ans, il récitait déjà son chapelet tous les jours. Et cette pratique de son enfance, il la conservera toute sa vie, ainsi qu'il nous l'insinue lui-même dans ce charmant couplet d'un de ses cantiques :

> Imitons les petits enfants,
> Qui n'ont de recours qu'à leur mère :
> Ma mère ! ma mère ! en tout temps,
> C'est leur plus ardente prière.

Louis Grignon eut deux frères et cinq sœurs, dont il était l'aîné. A tous il voua un amour vraiment frater-

---

[1] « Justorum semita quasi lux splendens procedit et crescit usque ad perfectam diem. » (*Prov.* IV, 18.)

nel ; « mais, dit Grandet, il lia, dès son enfance, une plus étroite amitié avec une de ses sœurs qu'avec les autres, parce qu'il la trouvait plus docile à suivre les sentiments et les pratiques de piété qu'il voulait lui inspirer ; et, quoiqu'ils ne fussent encore tous les deux que des enfants, il mettait tout en œuvre pour la retirer des amusements ordinaires à l'enfance ; il la rappelait d'avec ses petites compagnes pour la mener prier Dieu, et, si elle lui témoignait quelque répugnance, il lui faisait des petits présents et il lui disait : *Ma chère sœur, vous serez toute belle et tout le monde vous aimera, si vous aimez Dieu*. Aussitôt elle le suivait ; et, à l'exemple de son frère, elle attirait aussi ses petites compagnes à réciter le chapelet avec elle ; et, pour les engager à le dire tous les jours, il leur donnait tout ce qu'il avait de plus beau et de meilleur. »

Ainsi, on le voit, dès l'âge le plus tendre, Louis préludait aux fonctions apostoliques auxquelles il devait consacrer la majeure partie de sa vie. Il semble que son jeune front, prédestiné à l'auréole des saints, projetait déjà des rayons qui prophétisaient l'apôtre inspiré de la croix et de la vierge Marie.

Cette scène ravissante du premier apostolat de notre Bienheureux a été fixée par le pinceau d'un artiste chrétien sur l'une des magnifiques verrières de la chapelle de la Sagesse, à Saint-Laurent-sur-Sèvre [1].

Si vous avez jamais l'avantage de visiter cette chapelle monumentale, levez les yeux sur la première

---

[1] On sait que ces belles verrières sont l'œuvre de M. Claudius Lavergne, de regrettée mémoire.

verrière éclairant le côté gauche du sanctuaire. Au-dessous de la scène de la Nativité de Notre-Seigneur, qui forme le sujet principal, vous ne pourrez ne pas admirer un second tableau plus réduit mais très étudié et d'une délicatesse de touche exquise. Il captive à la fois et les yeux et le cœur.

C'est un intérieur de maison avec son ameublement et son décor simple et sans prétention. Vous remarquerez un dressoir garni de vaisselle, un rouet, une pendule, une panoplie antique appendue à la muraille, souvenirs de nobles et valeureux ancêtres. Mais tout cela n'est que le cadre du sujet.

Sur un petit bahut qui sert d'autel, n'apercevez-vous pas un crucifix et une statue de la sainte Vierge entre deux flambeaux allumés, et, au-devant, ces deux enfants agenouillés dont l'un apprend à l'autre à réciter sa prière ? Celui qui fait la leçon, c'est Louis Grignon, et l'élève, d'une tenue si pieuse et si modeste, sa petite sœur Louise. Non loin d'eux, sur le carreau, un petit panier rempli d'objets d'amusement et deux petits chats jouant avec une pelote de laine symbolisent, par contraste, la légèreté et la frivolité ordinaires de l'enfance, tandis qu'à l'autre extrémité de la pièce Mme Grignon, assise dans un vieux fauteuil, près d'une table de travail, vaque à son ouvrage, mais d'une manière distraite, en contemplant avec une satisfaction visible ce spectacle touchant, digne de fixer les regards de Dieu et de ses anges.

Nous l'avons dit, cette peinture n'est pas une fiction d'artiste, mais l'expression saisissante d'un fait qui dut se renouveler bien souvent dans la demeure de Jean-Baptiste Grignon. Bien que l'histoire soit sobre de détails sur les premières années du pieux enfant, de tels faits, une telle inclination à la vertu, dans un âge où la plupart des enfants ne rêvent que jeux et que plaisirs, confirment éloquemment tout ce qui a été écrit de son goût pour la prière, de son assiduité et de sa tenue angélique à l'église, où il passait des heures entières à genoux, de son indifférence pour tout ce qui regarde le monde, ses biens et ses joies, de ses délicates attentions pour sa mère, dont il s'efforçait de soulager les peines et de consoler les tristesses avec un dévouement toujours empressé et une tendresse pieusement filiale.

Les documents nous manquent également relativement à sa première communion et aux dispositions qu'il dut apporter à ce grand acte de la vie chrétienne. Mais ne peut-on pas conjecturer, selon toute vraisemblance, que celui qui parut un séraphin à l'autel, le jour de sa première messe, fut assurément un ange de piété à la sainte table, la première fois qu'il y fut admis ?

Les cantiques tout brûlants d'amour qu'il composa, dans la suite, sur la sainte Eucharistie pourraient, au besoin, être invoqués aussi comme un témoignage, notamment celui qui commence par ces mots :

> Le jour que je communie
> Me vaut mieux qu'un siècle d'or, etc.

Ne semble-t-il pas qu'on entende comme un écho des joies de sa première communion, ou du moins de celles qui parfumèrent son cœur d'enfant visité par le Dieu de l'Eucharistie, dans ces belles strophes où il se compare au jeune Samuel et emprunte ses propres paroles :

> Votre serviteur écoute ;
> Seigneur, donnez-lui vos lois, etc. ?

Louis avait douze ans quand se termina pour lui ce que nous appellerons la période de son éducation domestique. C'est alors que les Pères Jésuites du collège de Rennes furent chargés de la formation plus complète de sa jeune âme, qui sortait des mains maternelles déjà si merveilleusement façonnée pour le bien.

Nous allons le suivre maintenant sur ce nouveau théâtre de sa vie d'étudiant.

CHAPITRE II

Louis-Marie Grignon au collége des Pères Jésuites de Rennes. — Ses études,
ses talents, ses vertus. — Sa vocation à l'état ecclésiastique.

(1685-1693)

C'est en l'année 1685 que le jeune Grignon prit le
chemin de Rennes pour y faire ses études au collége
des Pères de la Compagnie de Jésus [1].

À l'époque où il y entra, plus de deux mille étudiants
suivaient les cours, et la classe dans laquelle il fut
admis ne comptait pas moins de quatre cents élèves.

Ce nouveau milieu n'était pas sans danger pour le
pieux adolescent. On le comprendra sans peine, si l'on
considère qu'il n'y avait point alors d'*internats,* et que
les élèves, logeant tous en ville, pouvaient facilement,
une fois les cours terminés, échapper à la surveillance
des maîtres et à leur protection tutélaire.

Louis-Marie avait à Rennes un oncle maternel qui
remplissait les fonctions de prêtre-sacriste à l'église de

---

[1] L'ancien collège des Pères Jésuites de Rennes est aujourd'hui devenu
le lycée, et leur chapelle, l'église paroissiale de Toussaint.

Saint-Sauveur. Tout porte à croire qu'il prit pension chez lui pendant ses années de collège, et retrouva en ce digne ecclésiastique quelque chose de la vigilance et de la tendresse de sa mère.

Le P. Descartes, dont il fit choix pour diriger sa conscience, ne l'eut pas plus tôt connu qu'il le prit en haute estime et lui donna toute son affection. Ce fut la même chose pour tous les maîtres dont il suivit les leçons. Tous n'eurent pas de peine à le distinguer parmi ses condisciples, non seulement à cause de son application et de la supériorité de ses talents, mais surtout à cause de sa piété et de ses vertus. Aussi bien le proposèrent-ils bientôt à tous leurs élèves comme un modèle accompli du jeune étudiant.

Quelle fut la vie intime de Louis-Marie durant les sept ou huit années qu'il passa à Rennes sous la direction des Pères Jésuites ? Elle fut, sans doute, une vie d'étude dont il profita pour orner son intelligence de toutes les connaissances utiles à sa vocation ; elle fut surtout une période décisive pour sa formation spirituelle.

La solitude est la patrie des forts..., là Dieu parle et agit en eux ; il les enfante aux généreux desseins, aux énergiques entreprises [1]. C'est ce que comprit de bonne heure notre jeune étudiant.

Donc, pour travailler plus efficacement à dompter la nature et laisser ensuite Dieu agir en lui en toute liberté, il sut se faire une véritable solitude au sein même de la capitale de la Bretagne. Il y passa comme un inconnu, heureux d'y vivre seul, sous le regard de

---

[1] Le P. de Ravignan.

Dieu seul, et de marcher en sa présence pour devenir parfait.

« Quoique nous ayons fait ensemble nos humanités sous le P. Camus, dit M. Blain, l'un de ses condisciples, je ne commençai à le connaître que lorsque nous étions en rhétorique, sous le P. Gilbert ; parce que M. Grignon était fort retiré et n'avait pas de commerce avec les autres écoliers. »

Ainsi qu'il l'avoua lui-même en plusieurs circonstances, il tenait de son père un naturel violent et irascible, et *il eût été l'homme le plus terrible de son siècle, si Dieu l'eût destiné pour le monde.* Or c'est précisément pendant ces années calmes et silencieuses de ses premières études qu'il parvint, non sans d'héroïques efforts, à réformer complètement son caractère, à maîtriser sa volonté, à donner enfin à sa physionomie, à son maintien et à tous ses actes l'empreinte de la douceur la plus inaltérable.

Saint François de Sales avait fait la même chose avant lui.

Dans cette tâche difficile il trouva un puissant secours dans sa tendre dévotion envers celle que l'Église appelle *notre douceur* [1], *douce entre toutes* les créatures, et à qui elle demande *de nous rendre doux et chastes* [2]. C'est d'elle qu'il apprit cette douceur et cette modestie extraordinaires dont il ne se départit jamais ; d'elle encore, cet amour de la belle et blanche vertu qu'il cultiva toujours dans son âme avec un soin jaloux.

Il aimait tant sa *bonne Mère,* qu'en allant au collège

---

[1] « Vita, *dulcedo* et spes nostra... » (*Salve, Regina.*)
[2] « Inter omnes *mitis. — Mites* fac et castos. » (*Ave, maris stella.*)

ou en en revenant, c'était pour lui un bonheur de saluer en passant une de ses images antiques et miraculeuses vénérée dans l'église de Saint-Sauveur. Quelquefois sa visite se prolongeait pendant une heure entière, et cependant ces instants passés aux pieds de sa Mère lui paraissaient toujours trop courts.

Une admirable institution de saint Ignace pour la préservation de la jeunesse écolière, c'est *la congrégation de la Sainte-Vierge*. De tout temps, les Pères Jésuites ont utilisé ce puissant moyen dans leurs collèges et en ont recueilli des fruits abondants et merveilleux.

Le collège de Rennes possédait sa congrégation de la Sainte-Vierge, et le jeune Grignon était tout désigné d'avance pour en faire partie.

« Dès qu'il eut passé les premières classes des humanités, dit M. de Clorivière, sa vertu lui mérita d'être reçu dans la congrégation. C'était une assemblée où l'on faisait profession d'honorer la sainte Vierge d'un culte particulier. Elle était composée de tout ce qu'il y avait de plus fervent parmi les écoliers; tous les moyens spirituels y étaient employés pour les porter à la perfection : de pieuses exhortations, la lecture de bons livres, la récitation de l'office de la sainte Vierge, la beauté du culte extérieur, l'oraison mentale et l'usage fréquent des sacrements. On voyait, chaque année, une foule de jeunes gens sortir de ces congrégations pour se consacrer au service des autels ; et ceux qui restaient dans le monde en étaient, d'ordinaire, l'édification.

« Ce fut une grande joie pour M. Grignon de se voir attaché par des liens plus étroits à celle qu'il avait toujours regardée comme sa mère ; et personne ne

fut jamais plus fidèle que lui à remplir des engagements qui s'accordaient si bien avec son goût pour la
piété. »

A ces exercices spirituels le fervent écolier était heureux de joindre encore, de temps en temps, ceux de la
charité chrétienne.

« Il y avait alors à Rennes, continue le même auteur,
un saint prêtre nommé Bellier, qui rassemblait chez
lui quelques jeunes gens à qui il faisait des conférences
de piété et qu'il envoyait ensuite dans les hôpitaux
pour y servir les pauvres, leur faire la lecture et leur
apprendre le catéchisme. Louis Grignon fut du nombre
de ceux qui venaient recevoir ses leçons, et ce fut sans
doute à cette école qu'il conçut le goût qu'il conserva
toute sa vie pour le service et le soulagement des
pauvres dans les hôpitaux. C'était là son occupation, les
jours qui n'étaient point destinés à l'étude. »

Entre temps, pendant les récréations et les jours de
congé, il aimait aussi à s'exercer dans l'art du dessin
pour lequel il avait d'excellentes dispositions naturelles.
Ses historiens racontent qu'un jour, ayant montré un
crayon de sa façon, où était représenté l'enfant Jésus
jouant avec le petit saint Jean, à un conseiller du par-
lement qui vint dans la maison de son père, ce magis-
trat le trouva si bien réussi qu'il lui en donna un louis
d'or pour ses pauvres.

Ce talent de dessinateur, qu'il ne cultiva guère que
par manière de délassement, ne lui fut pas inutile plus
tard, dans ses missions, pour l'érection des souvenirs,
la restauration des églises et chapelles, et la décoration
des autels. La suite de cette histoire en fournira plus
d'une preuve.

Louis Grignon était déjà lancé dans les œuvres de la
charité chrétienne, pour lesquelles il se sentait fortement incliné, quand ses parents vinrent habiter Rennes.
Une nouvelle charge s'imposa dès lors à sa charité,
celle de servir de précepteur à ses frères et à ses
sœurs. Avec quel zèle il remplit ce vœu de ses parents,
on le devine aisément par les résultats obtenus. Ses
leçons et ses exemples ne furent pas perdus, en effet,
puisque l'un de ses frères se fit dominicain et trois de
ses sœurs entrèrent en religion.

Toutefois cette nouvelle occupation, jointe à ses
études personnelles, ne lui fit jamais remettre aucune
occasion de pratiquer sa vertu favorite, la charité
envers les pauvres et les malheureux. Écoutons son
condisciple, M. Blain, nous en conter un trait admirable qui suffirait à lui seul à nous révéler la bonté
de son cœur.

« Le passage de rhétorique en logique ou philosophie,
dit-il, si funeste aux écoliers par la liberté qu'ils ont de
se hanter davantage et de n'étudier qu'autant qu'ils
veulent, ne servit qu'à l'avancer dans la vertu. Sa
grande piété, jusque-là fort cachée, commença à se
signaler par un trait de charité des plus remarquables
envers un écolier si pauvre et si mal vêtu, qu'il était
l'objet du mépris et des railleries des autres. M. Grignon, pour le vêtir, se fit mendiant et ne rougit point
de solliciter la charité de ses autres compagnons pour
fournir aux besoins de celui-ci. Mais tout ce qu'il put
amasser ne faisait que la moitié de la somme nécessaire. Il trouva dans son ingénieuse charité un autre
moyen de la remplir en menant le pauvre écolier au
marchand, auquel il dit : *Voici mon frère et le vôtre ;*

j'ai quêté dans la classe ce que j'ai pu pour le vêtir ; si cela n'est pas suffisant, c'est à vous à ajouter le reste. » La charité est communicative : le marchand, touché de cette démarche, s'exécuta de bonne grâce, et le pauvre écolier fut vêtu, au grand étonnement des autres étudiants qui, à partir de ce jour, commencèrent à entourer d'une grande vénération l'auteur de cette œuvre de miséricorde.

Ce fut aussi à cette époque de dangers et de tentations que le saint jeune homme, comprenant la nécessité de mettre en sûreté le lis de sa vertu, l'entoura d'épines en se livrant avec une plus grande assiduité à la pratique de la mortification corporelle. Il prévint ainsi les révoltes de la chair, à cet âge où tant d'autres jeunes gens sacrifient aux plaisirs malsains et criminels leur corps et leur âme, leur santé et leur vertu.

Rien n'est beau comme le rayonnement plein d'une douce fraîcheur dont l'innocence heureusement sauvegardée épanouit et illumine le visage d'un jeune homme de vingt ans. Un tel jeune homme gagne le cœur de Dieu, qui ne peut le voir sans l'aimer ; nous en avons la preuve dans le saint Évangile [1]. Comment ne ravirait-il pas également les yeux et le cœur des hommes !

Tel fut à vingt ans Grignon de Montfort.

« Il connaissait si peu tout ce qui peut altérer la pureté dans une âme, dit M. Blain, qu'un jour, comme je lui parlais des tentations contre cette vertu, il me dit qu'il ne savait pas ce que c'était. »

Cette préservation singulière fut aussi, comme nous

---

[1] « Jesus autem intuitus cum dilexit eum. » (*Marc.* x, 21.)

l'avons dit précédemment, la récompense de sa tendre dévotion envers la très sainte Vierge.

Une autre récompense de sa dévotion à Marie, ce fut la connaissance qui lui fut donnée alors de sa vocation à l'état ecclésiastique avec cette certitude à la fois forte et suave qui entraîne l'assentiment et ne laisse aucune place au doute et à la délibération.

Nous allons voir comment la Providence se chargea de tout disposer pour le mettre à même de répondre à ce divin appel.

CHAPITRE III

(1693-1700)

Louis-Marie avait commencé à Rennes ses études
théologiques, et il comptait bien les achever dans cette
ville. Mais, un jour, une demoiselle de Montigny qui
habitait Paris vint visiter sa famille. Elle lui parla des
séminaires de Saint-Sulpice, fondés, quelque cinquante
ans auparavant, par M. Olier, et des grands avantages
que ces saintes maisons offraient aux élèves ecclésiastiques pour leur avancement dans la science et dans la
piété.

C'en fut assez pour inspirer au jeune théologien un
vif désir d'y entrer. Malheureusement, il ne pouvait
compter sur la modique fortune de ses parents pour
réaliser son vœu. La Providence y pourvut par ailleurs,
et l'instrument dont elle se servit dans la circonstance
fut précisément la bonne demoiselle qui lui avait mis

au cœur ce pieux désir. Elle avait un peu de fortune ; elle offrit charitablement aux parents de Louis-Marie de pourvoir à son éducation cléricale en payant sa pension à Saint-Sulpice.

Une telle offre ne se pouvait refuser ; toute la famille en fut comblée de joie, mais surtout, on le pense bien, celui à qui elle procurait un bonheur inespéré.

Quelques jours plus tard, l'affaire était définitivement réglée, et le jeune homme se mettait en route pour Paris, où sa bienfaitrice l'avait devancé.

Il était si heureux de cette détermination, qu'il serait parti sans argent, sans trousseau, avec le seul habit qu'il portait, si ses parents n'avaient fait instance pour lui faire accepter un peu de linge, un habit neuf et la modique somme de dix écus. Par complaisance pour eux, il se chargea de ce léger bagage, qui eût paru bien insuffisant à tout autre. A lui il parut inutile et même gênant. Aussi s'empressa-t-il de s'en débarrasser le plus tôt qu'il put.

Au premier pauvre qu'il rencontre il fait l'aumône de son linge et de son habit neuf ; au second il donne tout son argent ; à un troisième qui se présente bientôt, n'ayant plus rien à donner, il propose d'échanger l'habit qu'il porte contre ses misérables haillons ; et ainsi dépouillé de tout, ne gardant plus pour tout bagage que deux trésors dont il ne se dessaisira jamais, à savoir, son crucifix et son chapelet, qu'il portait continuellement à la main, il fait en dix jours, à pied et en mendiant son pain, les soixante-seize lieues qui séparent Rennes de Paris.

Ce départ de la maison paternelle fut pour lui l'occasion d'un renoncement complet au monde, à l'héritage patrimonial, à sa famille, à son nom même, ainsi que nous l'avons déjà fait remarquer. Il ne voulut plus rien tenir de ses parents, et, à partir de ce moment, s'abandonna entièrement aux soins de la divine Providence. Si nous en croyons l'historien Grandet, il ne tarda pas à faire l'épreuve de sa tendre sollicitude à son égard.

Quand Montfort arriva à Paris, en 1693, « il s'en fut loger, dit-il, dans un petit trou d'écurie où la Providence lui envoyait à manger, sans qu'il demandât rien à personne. »

Le lecteur s'étonnera sans doute de cette manière de faire, objectant que notre voyageur, fatigué de la route parcourue, avait un pied-à-terre tout naturellement indiqué chez la bienfaitrice qui l'attendait.

Montfort n'en jugea pas de la sorte, et il n'agit ainsi évidemment que par humilité et mortification.

Mais ce n'est là que le commencement de ce que la *vaine prudence du siècle* appelle les excentricités de la sainteté de notre héros, incapable qu'elle est de comprendre toute la sublimité de ces abaissements, toute la sagesse de cette folie volontaire embrassée généreusement pour l'amour de Jésus-Christ et de sa croix.

Quand elle vit son protégé dans l'accoutrement misérable que nous avons dit, Mlle de Montigny éprouva elle-même plus que de la surprise, elle en fut comme humiliée ; et, au lieu de le présenter à Saint-Sulpice, elle le conduisit dans une petite communauté récemment fondée par M. de la Barmondière en faveur des étudiants ecclésiastiques pauvres.

« Le premier sacrifice que fit M. Grignon en arrivant à Paris, dit M. Blain, son condisciple, fut celui de la curiosité. Il avait fait un pacte avec ses yeux de ne leur laisser rien voir de ce qui eût pu leur faire plaisir : rien de cette opulence, de cette magnificence, de tant de raretés et de chefs-d'œuvre de l'art qui rendent Paris la plus belle ville du monde et y attirent tant d'étrangers ; et il faut dire qu'il garda cette résolution comme un vœu, avec autant de fidélité et de fermeté. Comme il n'y venait chercher que la perfection, il ferma les yeux à tout ce qui en détournait : je dis qu'il les ferma, et ce terme n'a rien d'exagéré ; car il partit, huit ans après, de la capitale de la France, comme il y était entré, sans avoir rien vu qui pût satisfaire les sens, comme s'il eût été aveugle. Ceux qui l'ont vu savent qu'il portait les yeux si fort baissés qu'il ne pouvait voir qu'à ses pieds. On s'étonnait même qu'il pût se conduire dans les rues, et ce qui était plus étonnant, c'est qu'il savait où toutes les images de la sainte Vierge étaient placées dans les carrefours et sur les portes des maisons ; en sorte qu'en marchant avec M. Grignon dans les rues de Paris, ce qui m'est arrivé plusieurs fois aussi bien qu'à d'autres, on était également surpris et édifié de voir un homme qui ne levait jamais les yeux ôter souvent son chapeau pour saluer des images de la sainte Vierge sur les portes des maisons, qui y étaient effectivement, mais si obscures, que je ne pus les apercevoir qu'avec une recherche des yeux. »

« Il portait la mortification des yeux jusqu'à ne regarder personne en face, pas même ceux avec lesquels il vivait ou qu'il allait visiter... »

M. de la Barmondière fit le meilleur accueil au nouveau séminariste, en qui son expérience des hommes ne tarda pas à reconnaître une âme d'élite, un nouveau Louis de Gonzague.

De son côté, Montfort sut bien vite apprécier les éminentes qualités de son supérieur.

Après lui avoir ouvert son âme par une confession générale de toute sa vie, et lui avoir fait la confidence intime des faveurs extraordinaires dont il avait été l'objet de la part de Dieu et de sa sainte Mère, il lui fit connaître aussi les ardents désirs qui, comme des ailes de flamme, l'emportaient, loin des voies ordinaires, vers les sommets de la perfection.

Le fervent séminariste trouva dans son père spirituel le guide sage et dévoué qu'il lui fallait; aussi, fit-il en peu de temps, sous sa direction, de grands progrès dans la science des saints. La petite communauté de M. de la Barmondière lui parut un paradis sur terre : c'est ainsi qu'il en parlait dans une lettre écrite à sa famille, quelques mois après son arrivée à Paris.

Toutefois cette joie dont Dieu réjouit ses premiers pas dans la carrière ecclésiastique fut de bien courte durée.

Il était dans la destinée de Montfort de marcher à son but par la voie des épreuves, des contradictions, des peines de toutes sortes. Le divin Maître, qui voulait se former en lui un disciple selon son cœur, se plut constamment à jeter sa croix en travers de toutes ses démarches et de ses plus louables projets.

La croix n'est-elle pas, en effet, la marque divine des grandes âmes et des grandes entreprises?

Quelques mois s'étaient à peine écoulés, que Mlle de Montigny lui fit savoir qu'elle ne pouvait lui continuer les secours promis pour sa pension.

Dans cette situation critique, qu'allait devenir le jeune lévite? Toute la communauté s'en émut; lui seul ne parut pas s'inquiéter de son sort. Et, de fait, la Providence arrangea tout pour le mieux. Le bon supérieur, qui professait une si haute estime pour son élève, consentit à le garder quand même, mais à la condition qu'il accepterait, avec quelques-uns de ses condisciples, d'aller veiller, pendant la nuit, les morts de la paroisse de Saint-Sulpice, et abandonnerait à la communauté, à titre de pension, la rétribution attachée à ce pénible service.

Montfort accueillit avec joie cette proposition, et s'acquitta de sa nouvelle fonction avec tout le dévouement qu'on pouvait attendre de lui.

Son tour de veille revenait trois ou quatre fois par semaine.

Voici, d'après le témoignage de M. Blain, comment il employait le temps qu'il passait auprès des morts.

« Il donnait à l'oraison quatre heures entières, toujours à genoux, les mains jointes, et comme immobile; ensuite, deux heures à la lecture spirituelle; les deux suivantes au sommeil, et ce qui restait à l'étude des cahiers de théologie, dont il allait prendre les leçons en Sorbonne avec le reste de la communauté... Il se plaisait, dit-il encore, à découvrir la face des morts et à considérer à loisir, dans leur laideur et leur difformité affreuse, le charme trompeur d'une jeunesse et d'une beauté évanouies, et la folie extrême de ceux qui s'en laissent enchanter. »

Une fois, il eut à veiller un jeune homme de qualité, frappé de mort au sortir d'un lieu de débauche. Son cadavre répandait une infection insupportable, au point que les porteurs attestèrent, le lendemain, qu'ils n'en avaient jamais senti de pareille.

Une autre fois, c'était une des premières dames de la cour, renommée pour sa beauté. En vingt-quatre heures, son visage était devenu tellement hideux, et d'un aspect si repoussant, qu'on ne pouvait en supporter la vue.

Plus tard, devenu missionnaire, Montfort saura mettre à profit ces terribles leçons de la mort; il y puisera, pour ses sermons et ses cantiques, ces images épouvantables, ces accents d'une éloquence foudroyante, qui réveillaient de leur léthargie les pécheurs endurcis, et les jetaient contrits et repentants à ses pieds.

Sur ce sujet de la mort, sa lyre poétique a rendu des sons qui ressemblent aux tintements d'un glas funèbre. D'autres fois, on croirait entendre l'ange des tombeaux jetant à tous les échos du monde les stridents éclats de la trompette du jugement.

Qu'on écoute plutôt ces strophes lugubres qu'il intitula lui-même le *Carillon de la mort :*

> Il faut mourir ! il faut mourir !
> De ce monde il nous faut sortir !
> Le triste arrêt en est porté ;
> Il faut qu'il soit exécuté.
>
> A la mort, à la mort,
> Pécheur, tout finira !
> Le Seigneur, à la mort,
> Te jugera !

Et celle-ci, n'est-elle pas encore une réminiscence de ces veillées des morts dont nous parlons plus haut ?

> Esclaves de la vanité,
> Que deviendra votre beauté ?
> L'infection, la puanteur
> Vous rendront un objet d'horreur.

Tout en *s'exerçant à la piété*, suivant le conseil de
l'Apôtre, Montfort ne négligeait nullement les études
théologiques, et, sous ce rapport, ses maîtres n'hési-
taient pas à le préférer aux plus excellents sujets de la
communauté. Il fut donc, sans conteste, jugé digne
d'être promu aux saints Ordres, et, le 18 septembre
1694, le pieux lévite fit son premier pas dans la cléri-
cature en recevant les Ordres mineurs.

Peu de temps après, M. de la Barmondière mourait.
Sa petite communauté ayant été dispersée, Montfort
se vit dans l'obligation d'aller frapper à la porte d'une
autre communauté, plus pauvre encore que la première,
dirigée par M. Boucher.

Là, sans doute par suite des privations qu'il endura,
il tomba dangereusement malade; il fut aussitôt transporté à l'Hôtel-Dieu; et, au moment où l'on jugeait
qu'il n'y avait plus pour lui aucun espoir de guérison,
il se rétablit d'une manière si subite, qu'on ne put
s'empêcher de regarder la chose comme un événement
surnaturel.

Puis, enfin, la divine Providence lui fit ouvrir toutes
grandes et gratuitement les portes du petit séminaire
de Saint-Sulpice, où il était déjà avantageusement
connu. Sa réception, racontent ses historiens, fut une
vraie fête pour toute la communauté. D'après le témoignage de M. Blain, le supérieur de la maison estima
son entrée une véritable faveur du Ciel, et fit réciter le
Te Deum « pour remercier Dieu de lui avoir envoyé un
si saint lévite [1] ».

---

[1] Une dame d'Alègre ayant fondé une bourse de cent cinquante livres
pour l'entretien d'un séminariste à la communauté de M. de la Barmondière, quand cette communauté fut dissoute et réunie au petit séminaire de

Si *rien n'est maternel comme Saint-Sulpice*, au dire de Fénelon, rien n'est plus crucifiant pour la jeunesse que cette maternité surnaturelle, qui force à se renoncer à soi-même pour revêtir l'homme nouveau, Notre-Seigneur Jésus-Christ. Pour Montfort, ce renouvellement intérieur, effet d'une grâce spéciale dont il avait été prévenu de bonne heure, était déjà accompli en partie, quand il entra dans ce noviciat de la vie sacerdotale. Il y trouva néanmoins les moyens de parfaire encore ce travail bien avancé, mais sans pouvoir dépouiller, en passant par le moule sulpicien, les inclinations natives, les manières, le ton, l'originalité de sa piété, en un mot tout cet ensemble qui constituait sa personnalité individuelle, telle que l'avaient faite la nature et la grâce.

Ce fut pour lui, ainsi que nous le dirons plus loin, le sujet des plus rudes épreuves.

Durant les cinq années environ qu'il passa à Saint-Sulpice, de 1695 à 1700, sa science, non moins que sa ferveur, prit un merveilleux accroissement.

Sa science théologique, elle parut surtout avec éclat dans la soutenance publique d'une thèse *sur la grâce*, où ses contradicteurs, en vue, peut-être, d'incriminer sa piété suréminente, cherchèrent à l'embarrasser par tous les moyens, sans pouvoir réussir à autre chose qu'à mettre davantage en relief ses connaissances sérieuses et approfondies en cette matière difficile. Montfort leur donna, en même temps, la preuve que *la*

Saint-Sulpice, elle désira que ladite bourse fût attribuée à M. de Montfort. Mais, comme elle était insuffisante, M. Bonin, le supérieur du petit séminaire, fit obtenir au titulaire un bénéfice supplémentaire de cent livres situé à Saint-Julien-de-Concelles, à quelques lieues de Nantes.

piété est utile à tout, et que celui-là est bien enseigné qui écoute les leçons de l'Esprit-Saint plus encore que celles des docteurs les plus en renom. On lui avait défendu, quelque temps auparavant, d'aller prendre des leçons en Sorbonne.

Quant à sa piété, il lui donna un libre cours en tout temps et en tout lieu. Même pendant les récréations, il semblait prolonger son oraison, et n'ouvrait la bouche que pour parler de Dieu et surtout de Marie, *sa Mère,* dont il ne se lassait point d'exalter les grandeurs et les bontés.

On lui en fit un reproche; mais, malgré ses efforts pour se conformer à cet avis, il ne put jamais se corriger de ce défaut, si toutefois l'on peut donner ce nom à cet excès de ferveur du pieux séminariste. C'est bien ici le cas de dire que *la bouche parlait de l'abondance du cœur* [1].

Propager la dévotion à Marie parmi ses condisciples et les attacher plus étroitement au service de *sa bonne Mère* était l'une de ses occupations les plus chères [2].

---

[1] Il était si intérieur et si constamment occupé des choses de Dieu qu'il ne pouvait s'en distraire et y revenait d'instinct, même au milieu des jeux. Quand l'obéissance lui faisait un devoir de s'y livrer, il savait toujours les ramener à cette fin et spiritualiser agréablement toute chose. C'est ainsi qu'il avait inventé ou modifié un jeu, dans ce double but. C'était une poignée de brins de paille appelés *jonchets* sur chacun desquels il écrivait le nom d'une vertu : par exemple, la charité valait cinquante, la foi quarante, l'humilité trente, etc.... et celui qui en tirait davantage du tas, mais sans faire remuer les autres, à l'aide d'un crochet *ad hoc,* celui-là gagnait la partie.

[2] S'inspirant d'un ouvrage de M. Boudon, le pieux archidiacre d'Évreux, sur *le saint Esclavage de la Mère de Dieu,* du consentement de M. Tronson, supérieur de Saint-Sulpice, il fit connaître cette dévotion dans le séminaire, après avoir adopté un léger changement dans la formule d'association où il substitua à la qualité d'*esclaves de Marie* celle d'*esclaves de Jésus en Marie.*

Il avait été chargé de l'entretien et de la décoration de la chapelle de la sainte Vierge, qui se trouve derrière le maître-autel, au fond de l'église de Saint-Sulpice : Dieu sait avec quelle joie, avec quel empressement, avec quel amour il s'acquittait de cet emploi, qui allait si bien à ses goûts !

Sa mortification était continuelle, mais réglée toutefois par l'obéissance; et cette contrainte elle-même n'était pas assurément la moindre de ses pénitences. Il savait, d'ailleurs, que *l'obéissance vaut mieux que le sacrifice*. Nul n'était plus humble que lui : il recherchait les croix et les humiliations avec la même avidité que d'autres recherchent les honneurs, leurs satisfactions et leurs aises.

La vérité historique nous fait ici un devoir de dire qu'il fut servi à souhait au séminaire de Saint-Sulpice, et de la part de ses maîtres et de la part de ses condisciples. Il semble, en effet, Dieu le permettant ainsi pour épurer davantage la vertu de son serviteur, qu'une sorte de conspiration momentanée ait été ourdie entre eux, pour lui faire subir tous les genres d'avanies et de rebuts. On tourna en dérision ses manières et jusqu'à sa piété, qu'on disait singulière, affectée et fausse.

Mais Montfort traversa cette épreuve avec un calme, une patience, une résignation qui ne se démentit pas un instant; il se méprisait lui-même plus qu'on ne paraissait le mépriser, et ne savait qu'une chose, obéir et se taire.

L'homme obéissant chantera ses victoires, dit l'Écriture. Une semblable récompense était réservée à Montfort à la suite de cette dure épreuve. Bientôt, en effet, la persécution cessa : au bout de six mois, chacun rendit au saint jeune homme l'estime et l'affection que méritait sa vertu.

Ses maîtres lui confièrent les emplois les plus honorables de la maison : ceux de catéchiste, de maître des cérémonies, de bibliothécaire. Enfin il fut choisi, avec un de ses condisciples, pour aller faire, au nom de toute la communauté, le pèlerinage annuel à un sanctuaire de Marie, selon le pieux usage établi par M. Olier, et continué, de nos jours encore, par ses successeurs.

Le but du pèlerinage de cette année-là fut le célèbre sanctuaire de Notre-Dame de Chartres.

Montfort et son compagnon partirent à pied et traversèrent ainsi les riches plaines de la Beauce, en vrais pèlerins, priant et prêchant d'exemple et de paroles, tout le long du chemin.

Arrivé à Chartres, à la tombée de la nuit, le zélé serviteur de Marie, sans tenir compte de la fatigue, alla tout droit à la crypte se prosterner aux pieds de *Notre-Dame-de-Sous-Terre*. Il y revint de très grand matin le lendemain, communia, et ne quitta l'image de *sa bonne Mère* que le temps de prendre sa réfection. Comme saint Pierre sur le Thabor, lui aussi disait par son attitude recueillie qui ressemblait à de l'extase : *Il est bon pour nous d'être ici !*

Tel fut, en deux mots, le premier des nombreux pèlerinages qui marquèrent la vie de notre Bienheureux. Il contribua à le préparer à son ordination sacerdotale, dont le moment solennel approchait.

A cette époque, le fervent séminariste avait terminé ses cours de théologie, depuis quelque temps déjà; sa conduite avait toujours été exemplaire; il avait vingt-sept ans et dépassé de beaucoup, par conséquent, l'âge requis par les saints Canons; rien donc ne s'opposait à son admission à la prêtrise. Néanmoins la proposition qu'on lui en fit l'accabla, et il fallut un commandement exprès de son directeur pour triompher de ses craintes et des répugnances de son humilité.

Montfort fut ordonné prêtre le samedi des Quatre-Temps de la Pentecôte, le 5 juin 1700, par Mgr de Flamanville, évêque de Perpignan, délégué du cardinal de Noailles, archevêque de Paris.

« Le lieu qu'il choisit pour célébrer sa première messe, dit M. Blain, fut celui dont il avait eu tant de soin, depuis son entrée dans le séminaire, la chapelle de la sainte Vierge, située derrière le chœur, au fond de l'église Saint-Sulpice. J'y assistai : j'y vis un homme comme un ange à l'autel... »

Ce fut aussi le sentiment de tous ceux qui le virent s'acquitter pour la première fois de cette auguste fonction.

CHAPITRE IV

Les cantiques du Bienheureux; sujets; facilité et genre de sa poésie;
citations.

C'est pendant son séjour à Saint-Sulpice que Montfort commença à composer des *cantiques*. Il continua toute sa vie. Un an avant sa mort, la mission de
Saint-Pompain lui fournissait encore l'occasion de faire
une composition de ce genre qui nous a été conservée.

Les cantiques ont tenu une place si importante dans
l'œuvre des missions où nous allons le suivre bientôt,
qu'il nous a paru bon d'en dire, dès maintenant, quelques
mots ici, pour n'avoir pas ensuite à interrompre notre
récit par cette digression nécessaire[1].

À un ami qui lui demandait un jour son avis sur les
règles de la composition liturgique saint Bernard répondit en ces termes : « Que les pensées resplendissent

---

[1] Pour la composition de ce chapitre, nous avons utilisé deux études
approfondies du sujet publiées, l'une dans la *Semaine catholique de Luçon*
(n⁰ˢ 11, 12 et 13, année 1884), par le R. P. Fonteneau, de la compagnie de
Marie; l'autre dans les *Études religieuses* (n⁰ d'avril 1888), par le R. P. Burnichon de la Compagnie de Jésus.

de vérité, ne résonnent que la vertu, persuadent l'humilité, enseignent toute justice; qu'elles enfantent la lumière de vérité dans les cœurs, qu'elles réforment les mœurs, crucifient les vices, enflamment l'amour, règlent les sens... Si la composition doit être chantée, que le chant soit plein de gravité, agréable sans être léger, flatte l'oreille uniquement en vue d'émouvoir le cœur;... qu'il ne fasse pas oublier le sens des paroles, mais serve à les rendre plus compréhensibles en leur donnant plus de vie et d'animation [1]. »

Telle doit être aussi, ce semble, la règle à suivre pour la composition du cantique religieux en langue vulgaire.

Le cantique doit être avant tout *doctrinal;* ce n'est pas assez, il faut de plus qu'il soit *affectif,* c'est-à-dire que, outre la lumière de vérité pour l'esprit, il doit porter au cœur la chaleur de la piété et de la dévotion.

Évidemment Montfort avait fait siens les principes énoncés par le saint abbé de Clairvaux : nous en trouvons la preuve dans la leçon sévère qu'il fait aux poètes de son temps, où il dit en terminant :

> Voici mes vers et mes chansons;
> S'ils ne sont pas beaux, ils sont bons;
> S'ils ne flattent pas les oreilles,
> Ils riment de grandes merveilles.
>
> S'ils ne sont que pour les petits,
> Ils n'en sont pas d'un moindre prix :
> Si ce sont des vers ordinaires,
> Ils n'en sont pas moins salutaires.
>
> Lisez-les donc et les chantez,
> Pesez-les et les méditez.

[1] S. Bernard. *Epist.* 398.

Le bienheureux Montfort.

(D'après une statue.)

> N'y cherchez point l'esprit sublime,
> Mais la vérité que j'exprime.

> Chantons donc tous, et comme il faut,
> Chantons les grandeurs du Très-Haut :
> En chantant, détruisons le vice
> Et faisons aimer la justice.

Comme chants religieux et populaires, les cantiques du Bienheureux n'ont peut-être pas encore été surpassés. On a beau chercher, on trouve difficilement ailleurs autant de doctrine, autant de clarté, de force, d'onction, de piété. C'est une poésie toute chrétienne qui n'a rien d'énervé ni de sensuel, comme la plupart des chants nouveaux qui profanent souvent les échos de nos églises.

S'adressant au peuple des campagnes, et voulant en être compris, Montfort a tenu à être simple dans sa poésie ; mais il n'est jamais descendu jusqu'à la trivialité. Qu'on n'aille donc pas appliquer à ses vers, qui vont bonnement leur chemin, à la villageoise, les lois du Parnasse contemporain. Assurément le saint missionnaire n'a jamais su ce que c'est que des *vers ciselés,* et, quand il l'aurait su, il n'aurait pas cherché à en faire.

Le peuple des villes ne goûte plus guère aujourd'hui sa belle simplicité ; ce peuple-là est trop frotté de littérature et lit trop de romans ; mais ses cantiques sont parfaits pour deux catégories de personnes qui ont plus de points de contact qu'on ne le pense : les humbles qui n'ont pas assez de culture pour aimer ce qui est faux, et les fins lettrés qui en ont assez pour aimer ce qui est simple.

Le plus ancien biographe de Montfort, se croyant obligé d'excuser la simplicité des vers, dit qu'*il s'étudiait moins à les faire beaux et polis qu'à les rendre dévots*. Sans doute, pour les rendre *dévots*, il fallait précisément éviter de les faire trop *beaux et polis*. C'est un fait de l'ordre psychologique ou de l'ordre de la grâce, il n'importe, mais c'est un fait que la piété, la dévotion, ce je ne sais quoi d'affectueux que l'âme chrétienne met dans son culte, s'accommode bien d'un langage simple, naïf, voire un peu rudimentaire. Le cœur a sa littérature, qui n'est pas celle de l'esprit. L'ingéniosité dans la pensée, la beauté du tour ou de l'expression, en distrayant l'esprit, nuit au sentiment. Est-ce à dire qu'il y a antipathie entre la dévotion et les belles-lettres? Non; pas précisément. Mais peut-être bien cela signifie qu'il ne faut pas trop faire la toilette au langage de la dévotion. Comme il n'y a pas de dévotion sans humilité, une certaine humilité de pensée et d'expression sied bien à des chants qui veulent être *dévots* et ont pour but d'inspirer la dévotion.

C'est ce qu'avait parfaitement compris Montfort; c'est ce qui a fait la fortune de ses cantiques, qui resteront comme des types et des modèles du genre.

Il n'avait, du reste, pas plus le loisir que la volonté de polir ses vers.

On ne s'explique pas, en effet, comment, en si peu d'années et au milieu des travaux absorbants de son ministère apostolique, le saint missionnaire a pu trouver assez de temps pour composer un si grand nombre de cantiques, qui ne renferment pas moins de *vingt mille vers !*

Il est vrai qu'il les composait sans effort et comme

en se jouant, cherchant avant tout à graver dans la mémoire des peuples les grandes et salutaires vérités qui faisaient l'objet de ses instructions.

Dans ce but, il aborde, dans ses cantiques, tous les sujets religieux que l'on a coutume de traiter dans la chaire, pendant les missions et les retraites : Dieu, sa providence, les mystères de la vie de Notre-Seigneur, la dévotion à son Cœur sacré, l'auguste Vierge Marie, les anges, les saints, l'Église, le chrétien, la grâce, les sacrements, les vertus, la croix, la prière, le péché, le monde, le démon, les pièges tendus à l'innocence, les fins dernières, le salut, la mort, le jugement, le purgatoire, l'enfer, le ciel.

Peut-être pensait-il à ses religieuses quand il chantait la divine Sagesse, la pauvreté, la pureté, la virginité, la sainte obéissance, l'oraison, le silence ?...

Ami de la nature, lorsqu'il en admire les tableaux grandioses et ravissants, il ne peut s'empêcher d'en bénir l'auteur.

Il est souvent sur les chemins, il chante l'amour de Dieu dont le feu le dévore :

> Les petits oiseaux le chantaient
> Et les ruisseaux le murmuraient ;
> La pluie et les vents qui soufflaient
>   En augmentaient la flamme ;
> La terre et les cieux embrasaient
>   Et mon corps et mon âme !

Il s'est retiré dans une grotte, à Mervent, près de Fontenay-le-Comte ; il chante son ermitage, où tout lui parle de Dieu. C'est le cantique de la solitude.

Où trouver des élévations plus touchantes et plus poétiques à la fois que dans ces strophes que nous cueillons au hasard :

> On n'entend dans ces lieux champêtres
>   Aucuns discours mensongers :
>   Les bois et les rochers
> Y sont de saints et savants maitres.
>
> Les rochers prêchent la constance,
>   Les bois la fécondité,
>   Les eaux la pureté,
> Et les oiseaux la diligence.
>
> Quand j'y vois verdir le bocage,
>   Ma ferveur reprend essor ;
>   Je médite la mort,
> Quand je vois tomber le feuillage.
>
> Si je vois la plus grosse plante
>   Se rompre au souffle des vents,
>   Je dis : Veillons, mes sens,
> Un plus fort ennemi nous tente !
>
> Qu'une chute est facile à faire,
>   Je l'éprouve en descendant ;
>   Je pense, en remontant,
> Qu'avec peine on monte au calvaire.
>
> Que me dit le poisson qui nage
>   Dans l'eau, son seul élément ?
>   Que Dieu pareillement
> Est mon centre et mon héritage !

Mais la passion de convertir les âmes l'arrache à son repos et à son ermitage ; il reprend son bâton en chantant :

> C'en est fait, je cours par le monde :
> J'ai pris une humeur vagabonde
> Pour aller sauver mon prochain...

Le Bienheureux voyageur.

(D'après une statuette éditée par L.-J. Biton)

C'en est fait, je cours par le monde ;
J'ai pris une humeur vagabonde
Pour aller sauver mon prochain.

(MONTFORT.)

Il chante dans ses joies, dans ses peines, dans ses humiliations; il a un refrain à tout usage :

> Voici mon mot ordinaire,
>   Dieu soit béni !
> Quoi qu'il m'arrive sur terre,
>   Dieu soit béni !
>
> J'ai perdu toute ressource;
>   Dieu soit béni !
> On m'arrête dans ma course;
>   Dieu soit béni !
>
> On me blâme ou l'on m'accuse
>   Dieu soit béni !
> On me donne, on me refuse;
>   Dieu soit béni !

C'est au chant de ses beaux cantiques en l'honneur de la croix qu'il menait son armée de travailleurs, quand il construisait ses calvaires ou procédait à leur bénédiction solennelle, à la fin de ses missions.

> Hélas ! le Turc retient le saint Calvaire
>   Où Jésus-Christ est mort :
> Il faut, chrétiens, chez nous le faire;
>   Faisons un calvaire ici,
>   Faisons un calvaire !

Qui ne connaît les deux admirables cantiques qui commencent par ces mots :

> Vive Jésus, vive sa croix !
> Chers amis, tressaillons d'allégresse !

Ses chants sont presque aussi variés que les circonstances où il se trouve.

A Poitiers, lorsqu'il remplissait les fonctions d'aumônier de l'hôpital, Mlle Brunet, devenue plus tard fille de la Sagesse sous le nom de sœur de la Conception, se plaisait à le taquiner en chantant devant lui des romances légères. Comme il l'en reprenait, elle ne faisait qu'en rire et lui disait, en forme d'excuse, que l'air seul lui plaisait, et qu'elle le chanterait aussi volontiers en cantique, s'il voulait lui en composer un qui s'y adaptât. Le Serviteur de Dieu acceptait le défi, et, après quelques instants de réflexion, il lui dictait un cantique pour remplacer la chanson profane, et en profitait pour donner à la jeune fille de salutaires enseignements.

À Luçon, l'humble bure des Enfants de Saint-François et leurs pauvres sandales lui inspirent un cantique sur le mépris du monde et le respect humain, dont voici la première et la dernière strophe :

> Seigneur, depuis que je vous sers,
> Et que je le fais avec zèle,
> L'homme et presque tout l'univers
> Me font une guerre cruelle :
> Hâtez-vous, tendez-moi la main,
> Pour vaincre le respect humain !
>
> Amis du grand Dieu que je sers,
> Pratiquons tous, tête levée,
> Malgré le monde et les enfers,
> La vertu la plus relevée,
> Sans honte et sans crainte de rien,
> Comme doit faire un vrai chrétien !

Mais c'est surtout dans les missions que le cantique joue un rôle important. Montfort chante encore plus qu'il ne prêche ; il serait plus exact de dire qu'il prêche en chantant. Le cantique est l'outil de ce prodigieux ouvrier apostolique.

A la mission de Saint-Pompain, il faisait froid; la glace et la neige couvraient la terre, et les habitants ne quittaient pas aisément leurs demeures, dès le matin, pour se rendre à l'église. Que fait le zélé missionnaire? Il réchauffe leur cœur et ranime leur courage par un cantique d'au moins *seize couplets*, qu'il intitule le *Réveil-matin de la Mission*.

Comment résister à des appels comme celui-ci?

> Chers habitants de Saint-Pompain,
> Levons-nous tous de grand matin;
> Dieu nous appelle à son festin;
>   Cherchons la grâce!
> Et, qu'il neige et qu'il glace,
>   Cherchons la grâce
> Et l'amour divin!

Il y aurait beaucoup à dire sur ses cantiques au sacré Cœur et à l'Eucharistie, notamment sur celui qui commence par ces mots :

> Oh! l'auguste sacrement
> Où Dieu nous sert d'aliment...

Nous parlions, en commençant ce chapitre, du cantique doctrinal; le voilà bien dans toute sa beauté, dans toute sa simplicité. La doctrine catholique sur le sacrement de l'Eucharistie s'y trouve, en effet, exposée avec une clarté et une netteté d'expression qui rappellent invinciblement la magnifique séquence de saint Thomas d'Aquin, *Lauda, Sion, Salvatorem*, avec laquelle le cantique a plus d'un trait de ressemblance, et peut être comparé sans trop de désavantage.

Mais pourquoi, dans les nouvelles éditions de ce cantique, a-t-on supprimé cette belle strophe qu'on trouvait dans les anciennes, et qui porte si manifestement le cachet de l'auteur?

> Nous n'avons point de retour
> Qui réponde à notre amour;
> Lui-même en ce sacrement
> Est tout notre supplément [1].

Où sa verve est intarissable, c'est quand il chante Marie, *sa bonne Mère*. Sa poésie prend alors un accent qui ressemble à un pieux délire d'amour. Il ne se contient plus et voudrait emprunter *la voix du tonnerre* pour chanter ses bienfaits, et la faire aimer et servir en tous lieux, comme dans le cantique si connu et si beau :

> Que mon âme chante et publie,
> A la gloire de mon Sauveur,
> Les grandes bontés de Marie
> Envers son pauvre serviteur!

Ou dans cet autre, dont l'air simple et naïf fait rêver du moyen âge et des vieux ménestrels :

> Chrétiens, voulez-vous être heureux?
> Servez fidèlement Marie;
> Car elle est la porte des cieux
> Et le chemin de la patrie.

On nous pardonnera de nous être étendu plus que de raison peut-être sur les cantiques du B. Montfort. C'est que *ses chansons*, comme il les appelle, ont été pour beaucoup dans les succès merveilleux de son apostolat. Bien plus, elles l'ont, pour ainsi dire, prolongé jusqu'à nos jours.

---

[1] On la trouve, notamment, dans le recueil publié par le P. Vatel, en 1735.

« Les populations de l'ouest, dit le P. Burnichon, ne les ont point désapprises. Quand ils guerroyaient pour la religion et pour le roi, les paysans bretons et vendéens les chantaient par manière de réplique à la *Carmagnole* et au *Ça ira!* hurlé dans le camp des *Bleus*.

« Mieux encore. Au cours de cette atroce guerre de la Vendée, l'armée de la Convention, s'étant emparée de Saint-Laurent-sur-Sèvre, mit à sac la maison des Filles de la Sagesse, société fondée par notre Bienheureux. Deux jeunes sœurs, emmenées prisonnières à Nantes, furent condamnées à mort comme *brigandes*. Quand il fallut marcher à la guillotine, elles entonnèrent :

> Je mets ma confiance,
> Vierge, en votre secours
> Servez-moi de défense,
> Prenez soin de mes jours.
> Et, quand ma dernière heure
> Viendra fixer mon sort,
> Obtenez que je meure
> De la plus sainte mort.

« On fit silence pour les écouter, et l'on entendait du milieu de la foule des voix qui criaient : *Épargnez-donc ces belles petites sœurs qui chantent si bien.*

« Ces *belles petites sœurs* chantant un cantique au pied de l'échafaud, n'était-ce pas la réalisation complète et sublime de l'idéal de Montfort : faire un peuple de chrétiens à l'âme simple et vaillante, héroïque et joyeuse, qui chante et bénit Dieu dans le travail, dans la souffrance, toujours, et qui trouve encore un pieux refrain pour saluer la mort? »

CHAPITRE V

(1700-1701)

*Que faisons-nous ici, mes chers amis, pourquoi
sommes-nous des ouvriers inutiles, tandis qu'il y a tant
d'âmes qui périssent dans le Japon et les Indes, faute
de prédicateurs et de catéchistes qui les instruisent des
vérités de la foi !*

Ainsi parlait Montfort à ses condisciples de Saint-
Sulpice, quelques jours après son ordination sacerdotale. On sent dans ces paroles toutes brûlantes de charité que le nouveau prêtre n'aspirait qu'à une chose :
se dévouer, se dépenser, se livrer sans réserve pour le
salut des âmes.

Sauver des âmes, n'est-ce pas la mission par excellence du prêtre appelé à continuer l'œuvre de Jésus-

Christ, disons mieux, à continuer Jésus-Christ lui-
même sur la terre?

C'était là toute l'ambition de Montfort. Si ses directeurs ne l'en eussent empêché, volontiers il serait allé
exercer son zèle sur les plages du nouveau monde
avec quelques prêtres de Saint-Sulpice alors en par-
tance pour le Canada. Mais Dieu nous le réservait.

Vers le mois de septembre 1700, il suivait à Nantes
M. Lévêque, l'un des premiers disciples de M. Olier,
qui avait fondé, dans cette ville, une communauté de
missionnaires pour l'évangélisation des campagnes.
Dans *la communauté de Saint-Clément,* — c'est ainsi
qu'on l'appelait, — Montfort espérait pouvoir enfin
réaliser les plus chers de ses vœux. Son illusion,
hélas, ne fut pas de longue durée[1].

Le jeune prêtre s'aperçut bien vite que les collaborateurs de M. Lévêque étaient loin de lui ressembler :
presque tous étaient des jansénistes, orgueilleux et
insoumis, comme tous ceux de la secte. La vue de ces
misères le jeta dans une profonde tristesse et lui fit,
dès ce moment, désirer et demander à Dieu la fondation d'*une petite et pauvre compagnie de bons prêtres,
qui travailleraient au salut des âmes, sous l'étendard et
la protection de la très sainte Vierge*, ainsi qu'il l'écrivit à son directeur de Saint-Sulpice, M. Leschassier.
Avait-il déjà formé le projet de fonder la *Compagnie
de Marie* qui continue aujourd'hui son œuvre? Ces

---

[1] La maison de la *Communauté de Saint-Clément,* où le B. Montfort
passa quelque temps sous la dépendance de M. Lévêque, devint un dépôt
ou maison de détention, pendant la Révolution ; elle fut achetée, dans les
premières années du siècle, par les Ursulines, qui l'habitent encore maintenant. Elle est située près de l'église et sur la rue Saint-Clément, d'où lui
est venu son nom.

paroles le feraient supposer. Et cependant il n'avait pas encore commencé à exercer les fonctions de missionnaire.

Bien plus, la célébration de la sainte messe est à peu près la seule des fonctions sacerdotales qu'on lui eût encore permis de remplir jusqu'à ce moment. Chose incroyable ! on le laissa ainsi, à Nantes, plus de huit mois dans l'inaction, sans lui donner les pouvoirs nécessaires pour entendre les confessions, et cela sous les prétextes les plus déraisonnables !

Quelle épreuve ce dut être pour ce cœur d'apôtre !

Montfort profita de ce repos forcé pour faire un voyage à Fontevrault, afin d'assister à la prise d'habit d'une de ses sœurs, à qui la générosité de Mme de Montespan avait ouvert les portes de la célèbre abbaye[1]. Sur les instances de l'illustre bienfaitrice de sa sœur, il avança jusqu'à Poitiers, pour soumettre à l'évêque ses desseins, relativement à la fondation d'une nouvelle compagnie d'ouvriers évangéliques.

Quand il arriva à Poitiers, le 1er mai 1701, Mgr Girard se trouvait absent. Montfort attendit.

Une visite qu'il fit à l'hôpital, où il resta quatre heures consécutives en oraison devant le saint Sacrement, frappa les pauvres, qui le demandèrent pour aumônier à l'évêque.

Celui-ci, étant de retour, accueillit d'abord froidement le jeune prêtre, malgré le nom de Mme de Montespan dont il se recommandait auprès de lui; puis, quelque

---

[1] Fontevrault est aujourd'hui chef-lieu d'une commune de l'arrondissement de Saumur (Maine-et-Loire). — L'abbaye qu'y fonda Robert d'Arbrissel (1047-1117) est convertie en maison de détention depuis 1804. — Montfort n'arriva à Fontevrault que le lendemain de la cérémonie.

temps après, cédant aux sollicitations des pauvres et des malades, qui lui furent présentées à son sujet, il le rappela et lui proposa l'aumônerie de l'hôpital.

Cela demandait réflexion, et Montfort ne voulut rien accepter avant d'en avoir référé à son directeur. Il repartit donc pour Nantes, après un séjour de cinq jours seulement dans la capitale du Poitou.

L'évêque de Poitiers écrivit de son côté à M. Leschassier, le directeur de Montfort à Saint-Sulpice. Celui-ci répondit au prélat par une lettre assez favorable à son disciple.

Pendant l'échange des correspondances dont nous venons de parler, Montfort put enfin faire l'essai de son zèle comme missionnaire.

Le premier théâtre de ses prédications fut la paroisse de *Grand-Champ*, à quelques lieues de Nantes. C'est par là qu'il débuta dans sa carrière apostolique, ainsi qu'il nous l'apprend lui-même par une de ses lettres, datée du 5 juillet 1701 [1].

De là il passa dans plusieurs autres paroisses du diocèse de Nantes, entre autres celle du Pellerin, qu'il évangélisa, au mois de septembre de la même année. Ses débuts furent de véritables coups de maître, des triomphes pour la foi. Mais l'humble missionnaire se

---

[1] Le souvenir de cette mission de Grand-Champ est marqué dans la belle église du lieu par une statue du Bienheureux placée sur un socle-console fixé au pilier qui fait face à la chaire. Cette statue a été inaugurée le 2 juin 1889. Au-dessous on lit l'inscription suivante : *Le Bienheureux Louis-Marie Grignon de Montfort est venu en mission à Grand-Champ en 1701. — « Pendant 10 jours que j'y ai demeuré, j'y ai fait le catéchisme aux enfants, deux fois le jour, et trois prônes. »* (Lettre du Bienheureux datée du 5 juillet 1701.)

Pendant son séjour à Grand-Champ, il fit aussi deux sépultures. On conserve encore aux archives de la paroisse, les actes de ces décès dressés par le Bienheureux lui-même.

contente de dire à son père spirituel, dans le rapport qu'il lui adresse à ce sujet, que *Dieu et la sainte Vierge ont bien voulu se servir de son ministère pour faire quelque bien.*

Il se trouvait en pleine mission, quand il reçut un jour une lettre de sa chère sœur Louise, qui lui apportait une triste nouvelle. La pauvre fille était à la veille de se voir chasser de la communauté de Saint-Joseph de Paris, parce qu'on ne voulait plus y recevoir et garder que des jeunes filles de la capitale, et que, d'ailleurs, elle manquait absolument de ressource pour son entretien.

Montfort en fut péniblement affecté; il laissa tomber alors de son cœur et de sa plume une lettre admirable pour le fond comme pour la forme, que n'eût pas désavouée l'apôtre saint Paul. La voici dans son entier.

« Ma chère sœur en Jésus-Christ,

« Le pur amour de Dieu règne en nos cœurs!

« Quoique éloigné de corps de vous, je ne le suis pas de cœur, parce que votre cœur n'est pas éloigné de Jésus-Christ et de sa sainte Mère, et que vous êtes fille de la Providence, dont je suis aussi l'enfant, quoique indigne. On devrait plutôt vous appeler *novice* de la Providence, parce que vous ne faites que commencer à pratiquer la confiance et l'abandon parfaits qu'elle demande de nous. Vous ne serez reçue *professe* et fille de la Providence que quand votre abandon sera général et parfait et votre sacrifice entier. Dieu vous veut, ma chère sœur, Dieu vous veut séparée de tout ce qui n'est pas lui, et pour être effectivement abandonnée de toutes les créatures; mais, consolez-vous, réjouissez-vous, servante et épouse de Jésus-Christ, si vous ressemblez à votre Maître et à votre époux; Jésus est pauvre, Jésus est délaissé, Jésus est méprisé et rejeté comme la balayure du monde. Heureuse, mille fois heureuse Louise Grignon, si elle est pauvre d'esprit, si elle est délaissée, méprisée, rejetée comme la balayure de la maison de Saint-Joseph! Ce sera pour lors qu'elle sera véritablement la servante et l'épouse de Jésus-Christ, et qu'elle sera *professe* de la divine Providence, si elle ne l'est de la religion. Dieu veut de vous, ma chère sœur, que vous viviez au jour la journée, comme l'oiseau sur la branche, sans vous soucier du lendemain; dormez en repos sur le sein de la divine Providence et de la très sainte Vierge, ne cherchant qu'à aimer et contenter Dieu; car c'est une vérité infaillible, un axiome éternel et divin, aussi véritable qu'il n'y a qu'un Dieu; plût à Dieu que je pusse les écrire dans votre esprit et dans votre cœur en caractères ineffaçables : *Cherchez premièrement le royaume de Dieu et sa justice, et le reste vous sera donné par surcroît.* Si vous faites la première partie de cette proposition, Dieu infiniment fidèle fera la seconde; c'est-à-dire que, si vous servez Dieu fidèlement et sa très sainte Mère, vous ne manquerez de rien dans ce monde-ci et dans l'autre; vous ne manquerez même pas d'un frère prêtre, qui a été, qui est et qui sera toujours tout à vous dans ses sacrifices, afin que vous soyez toute à Jésus-Christ dans le vôtre.

« Je salue votre bon ange gardien. — 1704. »

Nous verrons plus loin comment la divine Providence arrangea l'affaire ainsi remise entre ses mains, et comment Montfort, son instrument, réussit à faire entrer sa sœur chez les Dames du Saint-Sacrement.

Sur ces entrefaites, après trois mois de missions, Montfort recevait une lettre de l'évêque de Poitiers, qui l'invitait à venir se fixer dans sa ville épiscopale avec le titre d'aumônier de l'hôpital. D'après l'avis favorable que lui fit parvenir en même temps M. Leschassier, son directeur, il se mit en route pour Poitiers.

C'était vers la fin de septembre 1701.

Le saint prêtre fit ce voyage, comme tous les autres, à l'apostolique, c'est-à-dire à pied et sans argent, en s'en remettant, pour le gîte et la subsistance, aux soins maternels de la divine Providence. En passant à Saumur, il s'arrêta pour faire une neuvaine à Notre-Dame-des-Ardilliers, puis continua sa route par Fontevrault, dans le dessein d'y saluer sa sœur.

C'est probablement dans cette circonstance que se passa le fait suivant, rapporté par l'un de ses historiens, M. de Clorivière :

« Quand il fut arrivé, dit-il, à la porte de cette fameuse abbaye, sans dire son nom, il demanda à la sœur portière qu'on lui donnât *la charité pour l'amour de Dieu*. Le ton de sa voix, son air de piété, quelque chose d'extraordinaire qu'elle voyait en lui frappèrent cette sœur; elle souhaita savoir à qui elle parlait, et fit plusieurs questions au prêtre inconnu, auxquelles celui-ci ne répondit qu'en répétant ces mots : *La charité pour l'amour de Dieu !*

« Mme l'abbesse, avertie de ce qui se passait, vint elle-même à la porte et demanda à l'étranger quel était son nom. *Madame*, réplique le prêtre, *à quoi bon me demander mon nom? ce n'est pas pour moi, c'est pour l'amour de Dieu que je vous demande la charité.* Cette réponse, dont on ne pénétra pas le sens, parut sans doute peu respectueuse à Mme l'abbesse, et le pieux pèlerin fut renvoyé sans aucun secours.

« Quelque épuisé qu'il fût de fatigues, il reçut ce refus avec une patience héroïque, et se contenta de dire à la sœur, du dehors : *Si Mme l'abbesse me connaissait, elle ne me refuserait pas la charité.*

« Ces paroles piquèrent la curiosité des Dames religieuses, qui furent bientôt instruites de ce qui venait de se passer. La sœur de M. Montfort reconnut son frère à ce trait et à la peinture qu'on lui fit du voyageur. On courut après lui, on lui fit des instances de la part de Mme l'abbesse pour le presser de revenir; mais ce fut en vain. *Mme l'abbesse*, dit-il, *n'a pas voulu me faire la charité pour l'amour de Dieu; maintenant, elle me l'offre pour l'amour de moi; je l'en remercie.* Cela dit, faisant à Dieu le sacrifice du plaisir qu'il aurait eu de voir une sœur avec qui il aurait pu s'entretenir librement du bonheur d'être tout à fait au Seigneur, il alla chercher chez des pauvres gens de la campagne la nourriture et le repos dont il avait un besoin extrême. »

Arrivé à Poitiers dans la première quinzaine d'octobre 1701, Montfort reçut un logement au petit séminaire, en attendant son installation à l'hôpital. Mais sa soif de se dépenser pour le bien des âmes ne souffrit aucun délai. Faire le catéchisme aux enfants qu'il assemblait en grand nombre sous les halles, visiter les pauvres dans les hôpitaux, les détenus dans les prisons, donner des conférences aux écoliers qu'il groupa en une petite société, afin de les détourner du libertinage et de les enrôler au service de Dieu et de sa très sainte Mère, telle était son occupation journalière.

Il opéra ainsi un bien considérable[1].

Les pauvres de l'hôpital, entendant raconter chaque jour les merveilleux effets du zèle de leur futur aumônier, attendaient avec impatience son installation définitive parmi eux. Elle eut lieu vers la fin du mois de novembre.

---

[1] Parmi les écoliers envers qui s'exerça le zèle du B. Montfort plusieurs embrassèrent l'état ecclésiastique. Nous ne pouvons ne pas mentionner ici spécialement Alexis Trichet, le frère de Marie-Louise, la fondatrice des Filles de la Sagesse. « Dans son enfance, dit Grandet, il remplissait auprès de sa sœur le même rôle que le vénérable Montfort auprès de la sienne. Il l'exhortait à quitter le monde, et lui disait souvent : *Ma sœur, il faudra que vous soyez, un jour, une Scholastique et moi un Benoit.* — Quand il fut élevé à la prêtrise, son mérite le fit nommer à la cure de la Résurrection (ancienne paroisse de la ville de Poitiers), dont il ne prit pas possession, ayant été prévenu par la mort : il se dévoua pour des soldats malades, et choisit, pour aller au ciel, une voie plus courte que le cloître, la mort gagnée au service des pestiférés. »

CHAPITRE VI

(1701-1702)

Dans une histoire abrégée comme celle que nous écrivons, nous ne pouvons entrer dans tout le détail des sages et nécessaires réformes que Montfort opéra dans l'hôpital de Poitiers. Au dire du nouvel aumônier lui-même, quand il y entra, c'était *une pauvre Babylone*. Nulle règle, nulle subordination, nulle économie; désordre un peu partout.

Il commença par améliorer l'état matériel de l'établissement, en s'occupant de la nourriture des pauvres, qu'il leur procura plus abondante, et qu'il les obligea à prendre en commun et à des heures réglées.

Tout cela ne se fit pas sans difficultés et sans peine; mais pour le charitable aumônier les difficultés et les peines n'entraient pas en ligne de compte.

Il allait lui-même recueillir les aumônes à travers les rues de la ville, servait les pauvres à table, balayait les salles et les cours, lavait la vaisselle, souvent à genoux, aidait à apprêter les lits; s'attachant de préférence aux infirmes dont les maladies étaient les plus repoussantes, les nettoyant, pansant leurs plaies et leur procurant, en un mot, tous les soulagements en son pouvoir.

Un jour, ayant éprouvé une certaine répugnance dans ce pénible service, il se la reprocha comme un crime; puis, faisant effort sur lui-même pour la surmonter, il prit le parti héroïque dont la Vie des Saints nous offre quelques rares exemples, il amassa dans le creux de sa main le pus qui coulait des plaies du pauvre, objet de ses soins, et l'avala. Il avoua plus tard confidentiellement à la sœur Marie-Louise de Jésus, pour l'aguerrir sans doute en pareille circonstance, qu'il n'avait jamais rien bu de plus délicieux.

Mais tous ces soins matériels n'étaient, dans la pensée du pieux réformateur, qu'un moyen d'atteindre plus sûrement les âmes. Ce qu'il voulait surtout, c'était la réforme spirituelle du personnel de l'hôpital, et spécialement des infirmières préposées au service de la maison.

Jusque-là, on avait applaudi à tout ce qu'il avait fait en vue du bon ordre, de la propreté, de l'alimentation; ce ne fut pas la même chose quand il voulut pousser plus avant son œuvre. Le règlement qu'il rédigea pour les hospitalières ou gouvernantes et qu'il fit approuver par l'évêque et les administrateurs fut loin d'être agréé par elles aussi facilement; il excita même de leur part une véritable insurrection.

Ce fut pour le saint aumônier le sujet de mille tracasseries et persécutions de toutes sortes. Néanmoins, comme il faisait l'œuvre de Dieu, il ne s'émut nullement de cette opposition, qui était l'œuvre du démon jaloux, et, pour laisser passer l'orage, il alla faire une retraite de huit jours chez les Pères Jésuites.

Groupe du Bienheureux couronnant l'autel qui lui est consacré dans la chapelle des Filles de la Sagesse à Saint-Laurent.

Au surplus, Dieu se chargea lui-même de défendre sa cause d'une manière terrible. En effet, quelques jours s'étaient à peine écoulés que les plus acharnés parmi ses contradicteurs furent frappés de mort subite; plus de quatre-vingts pauvres tombèrent gravement malades et plusieurs en moururent.

C'en était assez : le châtiment fut compris. Les moins coupables parmi les hospitalières vinrent se jeter aux pieds de Montfort, qui vit ainsi ses épreuves momentanées couronnées par un vrai triomphe. Il en profita pour jeter les premiers fondements de l'institut des *Filles de la Sagesse,* dont il nourrissait depuis quelque temps le projet dans son cœur.

« Pour ébaucher en quelque sorte l'œuvre qu'il méditait, dit Clorivière, pour la commencer par l'humiliation et ériger un trophée à la sainte folie de la croix, moyen qu'il jugeait nécessaire pour attirer la bénédiction du Ciel sur toutes ses entreprises, il choisit, entre les pauvres filles de l'hôpital, dix ou douze des plus vertueuses. Parmi elles, il y en avait d'aveugles, de boiteuses, de couvertes de plaies; mais la ferveur leur donna des forces pour garder la règle qu'il leur présenta.

« Elles devaient se lever à quatre heures, faire une heure d'oraison, réciter le chapelet, entendre la messe et s'occuper ensuite au travail jusqu'au dîner. A une heure après-midi, elles devaient dire un second chapelet et reprendre le travail comme le matin. A cinq heures et demie, il y avait encore une demi-heure d'oraison prescrite, laquelle était suivie d'un troisième chapelet [1]. Le silence leur était recommandé dans tous les temps, à la réserve d'une heure de récréation qu'on leur accordait après le dîner et d'une demi-heure après le souper.

« Il leur donna une supérieure particulière choisie

---

[1] Quelques historiens ont supposé, à tort, que le grand apôtre du *Rosaire* n'avait formulé sa méthode pour le réciter que plus tard. Mais il est manifeste qu'il en introduisit la pratique dès son entrée à l'hôpital de Poitiers, en 1701; car elle entrait dans son plan d'évangélisation, préparé à Saint-Sulpice, comme l'un des principaux éléments de sa *Parfaite dévotion envers la très sainte Vierge.*

parmi elles, qui devait présider à tous les exercices. Cette supérieure était aveugle. Grâce au nouvel ascendant qu'il venait de reprendre sur les esprits, Montfort obtint de l'évêque et des administrateurs un appartement séparé des salles communes. Au milieu de la chambre il éleva une grande croix de bois, et le nouveau patriarche nomma cet endroit *la Sagesse*. Dès lors, les humbles filles en portèrent le nom, et s'appelèrent, comme elles s'appellent encore aujourd'hui, les *Filles de la Sagesse*[1]. »

Toutefois, nous le répétons, ce n'était là qu'une ébauche de son magnifique dessein. A l'édifice religieux qu'il se proposait d'élever à la gloire de Dieu il manquait encore la pierre fondamentale. Cependant il l'avait déjà trouvée, ou plutôt Dieu la lui avait déjà remise entre les mains par les mains de Marie, sa Mère, comme il se plaisait à le dire lui-même. Restait à la façonner, pour l'asseoir ensuite à la place qui lui était destinée.

Cette pierre fondamentale, véritable diamant par la

---

[1] On vénère encore, à l'hôpital de Poitiers, la croix de bois dont il est ici question. Elle est noire et sans autre ornementation que les instruments de la passion, la couronne d'épines, la lance, l'éponge, les fouets, le roseau, placés à sa base. L'inscription dont elle est couverte est tout un programme de perfection. — En tête, au-dessous du monogramme du Christ, on lit ces mots : *Renoncer à soi-même, porter sa croix pour suivre Jésus-Christ.* A la hauteur du croisillon, est dessiné le monogramme de la sainte Vierge surmonté d'une petite croix, puis l'inscription se continue ainsi : *Si vous rougissez de la croix de Jésus-Christ, Jésus-Christ rougira de vous devant son Père. Amour de la croix ! désir des croix ! mépris, douleurs, outrages, affronts, opprobres, persécutions, humiliations, calomnies, maladies, injures.* Ici, apparaît le sacré Cœur de Jésus surmonté de la croix et laissant échapper des gouttes de sang par sa blessure. A sa droite, on lit : *Vive Jésus !* A sa gauche : *Vive sa croix !* Puis, au-dessous : *Amour divin, humilité, soumission, patience, obéissance entière, prompte, joyeuse, aveugle, persévérante.*

fermeté et la limpidité de sa vertu, était Mlle Marie-Louise Trichet, fille de Julien Trichet, procureur au siège présidial de Poitiers, et de dame Françoise Lecoq. La jeune fille n'avait encore que dix-sept ans et unissait toutes les grâces de la jeunesse aux charmes de la plus aimable innocence, quand Montfort commença à prêcher dans les églises de la ville.

Sa sœur, ayant entendu un jour le nouveau prédicateur, en fut ravie.

Si vous saviez, ma sœur, le beau sermon que je viens d'entendre, dit-elle à Marie-Louise, à son retour; *de ma vie je n'ai entendu rien d'aussi touchant : ce prédicateur est un saint* [1].

Il n'en fallut pas davantage pour décider la jeune fille à aller trouver le prêtre qu'on lui vantait ainsi, pour lui confier les aspirations de son âme vers la perfection chrétienne dans la vie religieuse. Dès le lendemain, elle vint se mettre sous sa direction.

Par cette intuition merveilleuse que Dieu donne aux saints, Montfort ne l'eut pas plus tôt entrevue, qu'il devina, sans doute, dans cette jeune aspirante à la main du céleste Époux, *la première fille de la congrégation de la Sagesse.*

« *Qui vous a adressée à moi?* lui dit-il en la recevant.

— *C'est ma sœur,* répondit-elle avec simplicité.

— *Non, ma fille, ce n'est pas votre sœur,* répondit Montfort, *c'est la sainte Vierge qui vous adresse à moi !* »

---

[1] Cette sœur de Marie-Louise Trichet devint plus tard elle-même *Fille de la Sagesse,* sous le nom de *sœur Séraphique.* Elle fit profession dans l'église de Saint-Laurent-sur-Sèvre, le 16 décembre 1722.

Nous aimons à noter cette première rencontre de
deux âmes si bien faites pour se comprendre; car elle
fut le point de départ d'une des plus grandes œuvres
du Bienheureux.

Sous la direction d'un tel maître, dont elle suivit les

conseils avec une docilité et une confiance tout enfan-
tines, la pieuse jeune fille fit de rapides progrès dans
les voies de Dieu.

Quant à ses fréquents rapports avec le père de son
âme, elle y mit tant de discrétion, que ce n'est qu'au
bout de six mois seulement que ses parents s'en aper-
çurent.

J'ai appris, lui dit sa mère, *que tu vas te confesser à ce prêtre de l'hôpital; tu deviendras folle comme lui !*

Mme Trichet exprimait ainsi, sans le savoir, une profonde vérité. Ce que Montfort s'efforça d'inoculer à sa pénitente, c'est, en effet, une folie, folie dont il était atteint lui-même, et que l'apôtre saint Paul appelait *la sagesse de Dieu, la sainte folie de la croix.*

Malgré cette opposition plus apparente que réelle de la part de sa mère, Marie-Louise n'en continua pas moins à rechercher, en toutes circonstances, les avis et les conseils de son directeur. Elle obtint même de suivre les exercices d'une retraite que Montfort donna au personnel de l'hôpital et à quelques personnes du dehors. Le saint prêtre en profita pour faire publiquement, et à diverses reprises, l'épreuve de son humilité et de son amour de la Croix.

De même que l'ouvrier qui veut construire un édifice emploie le marteau et le ciseau pour équarrir et façonner la pierre qui doit lui servir de fondement, ainsi l'homme de Dieu travaillait cette âme prédestinée, dans sa pensée, à devenir *la fondatrice des Filles de la Sagesse*. L'épreuve eut, d'ailleurs, le résultat qu'il en avait espéré : elle fortifia sa résolution de se consacrer sans réserve au service de Dieu seul, par la fuite du monde et de tout ce qui lui appartient.

Mais ses parents mirent obstacle à la réalisation de ses vœux.

Montfort lui-même, tout en accueillant avec joie et satisfaction ses ouvertures à ce sujet, n'avait pas l'air de vouloir, de sitôt, l'introduire comme tant d'autres dans le sanctuaire de la vie religieuse; il semblait hésiter et ne répondait à ses instances que par ces simples mots : *Vous serez religieuse, ma fille, consolez-vous, vous serez religieuse.*

Les choses en étaient là, quand le démon, jaloux des merveilleuses réformes opérées par l'homme de Dieu, excita contre lui une nouvelle tempête, plus formidable encore que la première. Devant ces difficultés inattendues, Montfort eut recours à ses armes ordinaires : il pria, se mortifia avec plus de rigueur que de coutume, prit conseil d'hommes éclairés; puis, jugeant qu'il valait mieux abandonner momentanément son œuvre entre les mains de la divine Providence, il quitta l'hôpital et partit pour Paris.

Outre le motif exposé ci-dessus, il en avait un autre pour le déterminer à entreprendre promptement ce voyage, celui de venir en aide à sa chère sœur Louise, dont la situation toujours précaire demandait un arrangement définitif.

Selon son habitude, il partit à pied et recueillit, chemin faisant, une ample moisson de peines et d'humiliations.

Nous ne pouvons omettre ici la dure épreuve à laquelle il fut soumis à son passage au séminaire d'Angers ; car, de l'aveu du serviteur de Dieu lui-même, ce fut l'une des plus sensibles qu'il ait eues à supporter dans le cours de sa carrière, semée pourtant de tant d'épines, d'obstacles, de contradictions de toutes sortes; épreuve d'autant plus sensible qu'elle lui vint d'un homme qu'il vénérait et aimait, de M. Brenier, l'un de ses anciens directeurs à Saint-Sulpice, celui-là même qui avait fait réciter le *Te Deum*, en action de grâces, le jour de son entrée au séminaire.

C'est M. Blain, son condisciple, qui va nous conter le fait.

« Je parle, dit-il, de M. Brenier, qui était supérieur du séminaire d'Angers, lorsque Montfort y passa et demanda à le voir et à lui présenter ses respects. Mais à peine fut-il en sa présence, qu'il s'en vit rebuté et rejeté d'une manière outrageante, à la vue de toute la communauté, qui était en récréation. Encore s'il lui eût fait la charité de lui donner à dîner, l'affront eût perdu quelque chose de son amertume ; mais non, il le chassa avec honte et le fit sortir à jeun, au plus tôt de la maison, sans égard ni à son caractère ni à son besoin.

« M. Montfort, si familiarisé avec les humiliations, ne fut pas insensible à celle-ci, et il faut avouer que si M. Brenier qui, d'ailleurs, pendant six mois, l'avait pris par tous les endroits sensibles pour le piquer au vif, avait attendu ce moment et cette occasion pour le mortifier, il y réussit parfaitement. Et c'est peut-être la seule occasion où ce prêtre si patient ait ouvert la bouche pour se plaindre ; car, se voyant si indignement traité par un homme qu'il honorait tant, son cœur blessé permit à sa bouche d'exhaler cette plainte : *Est-il possible qu'on traite ainsi un prêtre dans un séminaire !* »

Quand il se présenta à Saint-Sulpice, quelques jours après son arrivée à Paris, il y fut aussi mal reçu qu'au séminaire d'Angers.

« Il fut fort rebuté de M. Leschassier, son ancien directeur, continue M. Blain… Qu'il fut mortifié, quand, un jour, arrivé à une maison de campagne [1] où était ce

---

[1] La solitude d'Issy.

cher directeur avec plusieurs autres ecclésiastiques, dans le temps de la vacance, il le reçut avec un visage glacé et le renvoya hautement d'un air sec et dédaigneux, sans vouloir lui parler ni l'entendre !

« Pour moi, qui étais présent, j'étais interdit et ne souffrais pas peu de l'humiliation dont j'étais témoin. Pour lui, il la soutint avec sa douceur et sa modestie ordinaires, et s'en retourna avec la même tranquillité qu'il était venu, et un redoublement de ferveur, fruit d'une grande paix qu'il recueillait à la naissance de croix nouvelles. »

En agissant de la sorte, ces pieux directeurs de séminaires étaient de la meilleure bonne foi et subissaient comme malgré eux l'influence du siècle. Ils craignaient toujours que Louis-Marie Montfort ne fût point dans la vraie voie, ni conduit par l'esprit de Dieu, et ne voulaient point paraître approuver sa conduite. C'était, chez eux, affaire de prudence, prudence excessive et rigoureuse peut-être, mais néanmoins excusable par certains côtés.

D'ailleurs, nous devons ajouter, pour être juste, que tous les sulpiciens n'usèrent pas envers lui de la même rigueur. L'un d'eux, M. Bargeaville, son ancien ami, auquel il fit part de sa détresse et de celle de sa sœur, lui promit de s'employer pour lui venir en aide. Sa promesse ne fut pas vaine. Par son entremise, Montfort fit la connaissance des religieuses bénédictines du Saint-Sacrement de la rue Cassette[2].

---

[1] Cette congrégation existe encore sous le nom de l'*Adoration perpétuelle du Saint-Sacrement*. Elle fut fondée par la R. M. Mecthilde du Saint-Sacrement, en mars 1654. On y pratique la règle de saint Benoît dans toute sa rigueur, et les religieuses y font vœu de l'*Adoration perpé-*

« Dès la première entrevue, dit Clorivière, la supérieure, voyant son extraordinaire sainteté et l'extrême besoin où il était réduit, lui offrit la portion qui, selon l'usage de cette sainte maison, était offerte chaque jour à la très sainte Vierge, comme à celle que les religieuses du Saint-Sacrement ont choisie pour leur abbesse, et qui est ensuite donnée à quelque pauvre. »

Montfort accepta l'offre avec reconnaissance et vécut de cette aumône tout le temps de son séjour à Paris. Du consentement de ses bienfaitrices, il amenait, chaque fois, un pauvre avec lui et commençait son repas en servant à *son frère,* comme il l'appelait, la meilleure part de sa nourriture.

Pendant longtemps il fit démarche sur démarche pour assurer l'avenir de sa sœur, mais sans aboutir. Peu s'en fallut qu'il ne prît, à la fin, le parti de la renvoyer à Rennes, dans sa famille. Les religieuses du Saint-Sacrement, auxquelles il s'adressa en dernier lieu, lui auraient volontiers ouvert la porte de ce monastère, en considération de la sainteté qu'elles admiraient en lui ; la grosse difficulté était de trouver la dot nécessaire pour son admission. On se mit en quête de tous côtés, auprès des personnes charitables connues pour leur générosité ; mais leurs ressources disponibles se trouvèrent alors épuisées, en sorte que la pauvre pos-

tuelle du saint Sacrement, d'où leur vient leur nom. Elles en portent ostensiblement l'emblème, c'est-à-dire un petit soleil en cuivre doré, attaché par un ruban noir sur leur scapulaire et sur la coule noire dont elles se servent dans les cérémonies ecclésiastiques. Elles ont encore deux monastères à Paris, dont l'un, anciennement installé dans le local du Temple où fut enfermé Louis XVI, eut pour fondatrice et première prieure la princesse Louise de Bourbon-Condé, sœur du dernier des Condés, assassiné au château de Saint-Leu, après les journées de juillet.

Migne, *Dictionnaire des Ordres religieux,* t. Iᵉʳ, col. 161-177.

tulante allait probablement voir s'évanouir encore la faible lueur d'espoir qui avait brillé pour elle de ce côté.

Quant à Montfort, se voyant sans espoir du côté des hommes, il ne s'adressa plus qu'à Dieu seul, et montra dans cette extrémité une confiance plus vive et plus ferme que jamais dans le succès de sa fraternelle entreprise. Il ne fut point trompé : la dot longtemps vainement réclamée lui vint inespérément d'une personne dont on n'attendait aucun secours ; et tous les obstacles furent levés du même coup.

Après une année de noviciat, le 2 février 1704, Louise Grignon fut admise à la profession religieuse dans la communauté du Saint-Sacrement, sous le beau nom de sœur Saint-Bernard.

Le mois d'octobre touchait à sa fin quand, ses affaires étant heureusement terminées, Montfort put reprendre le chemin de Poitiers.

CHAPITRE VII

(1703-1704)

Après quelques mois d'absence, le saint prêtre était de nouveau réinstallé dans l'hôpital, où les difficultés s'étaient aplanies peu à peu. Son retour fut salué avec joie par les administrateurs et les pauvres, qui tous connaissaient d'avance son dévouement et sa vertu.

Sans négliger de poursuivre les sages réformes qu'il avait entreprises, il s'occupa avec une nouvelle ardeur et une attention toute spéciale de la congrégation naissante des *Filles de la Sagesse*.

Nous avons déjà vu précédemment qu'il en avait formé le noyau de quelques pauvres filles de service prises dans l'hôpital même. Mais l'occasion se présenta bientôt d'y introduire un nouvel élément de succès en leur adjoignant deux jeunes personnes du dehors unissant aux fleurs d'une vertu peu ordinaire les fruits d'une éducation plus soignée.

L'une d'elles, Mlle Catherine Brunet, était orpheline. D'un caractère enjoué et quelque peu mondain, dans le principe, elle finit par subir l'ascendant de la sainteté de Montfort et se rendre à ses victorieuses exhortations. Le sage directeur la forma à l'école de l'humilité et de la croix au rôle qu'il lui destinait dans sa congrégation. Comme première épreuve, il la chargea de servir de guide à la supérieure qui, ainsi que nous l'avons dit plus haut, était aveugle. Loin de se froisser de cet emploi humiliant pour une fille de son rang et de sa condition, la jeune novice se mit à le remplir avec docilité, simplicité et exactitude, et sans rien perdre pour cela de sa gaieté native.

« *Mon père*, disait-elle, *vous nous avez donné une supérieure aveugle !...*

— *Ma fille*, répliquait Montfort, *c'est pour que vous ne considériez pas quelle supérieure Dieu vous donne et que vous ne lui obéissiez que par amour, sans avoir égard à ses talents et à ses défauts.* »

L'autre, Mlle Marie-Louise Trichet, nous est déjà connue, ainsi que ses aspirations à la vie religieuse. Mais Montfort, avons-nous dit, ne répondait point encore à ses instances. Un jour, impatiente de voir enfin ses vœux réalisés, elle s'en plaint de nouveau à son directeur :

« *Que voulez-vous que je devienne ?* lui dit-elle, *où me retirer, pour obéir aux desseins de Dieu sur moi ?*

— *Ma fille*, répond-il aussitôt, *venez demeurer à l'hôpital.* » Cette parole, jetée comme au hasard, fut pour la jeune fille un trait de lumière.

Cependant son entrée à l'hôpital ne pouvait se faire sans de grandes difficultés à surmonter, soit de la part de sa famille, soit de la part des administrateurs eux-mêmes. La fermeté et la ténacité de sa résolution triomphèrent de tout : quelques jours après, Marie-Louise entrait à l'hôpital, tout heureuse de prendre rang parmi les pauvres filles que le saint aumônier y formait à la vie religieuse.

Se donner à Dieu sans réserve fut dès lors son application journalière.

Montfort, en voyant cette âme si généreuse, si pure et si humble, ne craignit point de rompre en sa faveur avec la sévère casuistique de l'époque issue du jansénisme, concernant la participation au Sacrement de l'Eucharistie, et il lui permit la communion quotidienne. C'était un juste retour du don qu'elle faisait d'elle-même au *Dieu* qui *est charité*.

Le saint fondateur ne s'en tint pas là. Confiant dans la solidité de sa vocation, il voulut mettre enfin entre la jeune novice et le monde une barrière infranchissable. Laissons parler ici l'historien de la congrégation de la Sagesse :

Ma fille, lui dit un jour Montfort, *il m'est venu en pensée de vous faire changer d'habit. J'ai reçu dix écus d'aumône d'une personne de piété ; je veux les employer à cet usage.* Cette proposition dut surprendre un peu Mlle Trichet ; car elle comprit sans peine, par la dépense que l'on voulait faire pour le nouvel habit, que l'étoffe n'en devait pas être précieuse ni la forme bien élégante ; du reste, ce n'était pas ce qu'elle cherchait. Accoutumée à obéir, elle répondit avec humilité : « *Je le veux bien ; mais il faut que ma mère y consente. —*

Eh bien ! dit l'homme de Dieu, *allez lui demander son consentement.* »

Elle y alla et l'obtint.

Le saint missionnaire ne perd pas de temps ; il fait confectionner un habit en tout semblable à celui que portent encore les Filles de la Sagesse ; il le bénit, assisté d'un autre prêtre, le donne à la fervente *novice*, qui dans ce moment même devint *professe*, et lui dit en le lui présentant : *Tenez, ma fille, prenez cet habit ; il vous gardera et vous sera d'un grand secours contre toutes sortes de tentations.*

Cette cérémonie touchante et mémorable eut lieu le 2 février 1703, fête de la Purification de la sainte Vierge. A cette occasion, le saint fondateur voulut que Marie-Louise ajoutât à son nom celui de *Jésus,* qu'elle prenait pour son partage. *C'est ainsi,* lui dit-il, *que vous vous appellerez désormais.* Dieu sait si elle l'a toujours porté avec honneur et chéri de toute son âme, ce beau nom de *Marie-Louise de Jésus !*

Elle avait alors dix-neuf ans moins trois mois ; mais, malgré sa jeunesse, elle était déjà une femme forte selon Dieu [1].

On le vit bien quand, obéissant à l'ordre de son directeur, elle ne craignit point de sortir de l'hôpital et de parcourir les rues de Poitiers sous ce nouveau costume, dont alors l'étrangeté frappait tous les regards. Ce fut un véritable assaut de plaisanteries, de railleries, d'insultes et de blâmes sans la moindre réserve. En voyant passer la nouvelle religieuse, les moins osés se

---

[1] *Histoire de la congrégation de la Sagesse,* par le R. P. Fonteneau, de la Compagnie de Marie, p. 17 et 18.

contentaient de dire, en branlant la tête, que la fille du procureur avait pour sûr éprouvé un dérangement d'esprit ; et ils l'en plaignaient sincèrement. A tout cela la courageuse professe répondait par un sourire exprimant pour elle-même le contentement avec lequel elle savourait cette avanie, et pour les autres la pitié que lui inspiraient leurs réflexions si peu sensées et si peu chrétiennes.

Sa mère surtout en fut profondément blessée et humiliée. Elle se promit bien d'arracher ce vêtement à sa fille, de gré ou de force. Tout d'abord elle agit auprès de son mari qui, prenant la chose d'une façon plus calme et plus raisonnable, se délivra de ses importunités en disant qu'il avait donné son consentement. Sa plainte n'eut pas plus de succès auprès de Mgr de la Poype, l'évêque de Poitiers. Celui-ci la réprimanda de vouloir détourner sa fille de sa vocation, et, s'adressant à la professe, lui dit ces paroles : *Ma chère fille, ne quittez pas cet habit.* Enfin elle s'en prit à Montfort lui-même et lui fit valoir, l'une après l'autre, toutes les raisons plus ou moins *déraisonnables* dont s'arment, en pareilles circonstances, les mères blessées dans leur autorité et leurs affections trop charnelles ; puis elle termina en disant qu'elle ne céderait à personne ses droits sur sa fille. *Votre fille, Madame,* répliqua aussitôt l'aumônier, *elle n'est plus à vous ; elle est à Dieu !*

Cette parole d'une fermeté sublime suffit à désarmer la pauvre mère. Et la victoire resta tout entière à Dieu et à son vaillant serviteur.

Cependant les animosités que son entreprise avait excitées contre lui étaient loin d'être apaisées. Le disciple faisait l'œuvre du maître ; rien d'étonnant qu'il

« Tenez, ma fille, prenez cet habit; il vous gardera et vous sera d'un grand secours contre toutes sortes de tentations. »

(Tableau offert par S. S. le pape Léon XIII à l'église du tombeau du B. Montfort.)

fût, comme lui, en butte à la contradiction. Au fur et à mesure que cette œuvre s'acheminait vers sa fin et semblait arriver bientôt à la réalisation de la pensée qui l'avait fait naître, le démon jaloux redoublait ses efforts pour la traverser en mille manières et anéantir les résultats obtenus. Non seulement il souffla partout le trouble, la haine et la discorde parmi ceux auxquels s'adressait le zèle de Montfort ; mais il l'attaqua lui-même directement dans sa personne. Ce qu'il devait faire plus tard d'une manière si effrayante contre le vénérable curé d'Ars, M. Vianney, il l'essaya, sans plus de profit, contre le fervent serviteur de Dieu et de Marie.

« C'était parfois, dit Grandet, comme une lutte corps à corps, et des plus terribles, entre lui et le malin esprit ; on l'entendit souvent crier à haute voix comme une personne qui se battait avec une autre. Une fois, entre autres, on le vit traîner par terre sans qu'on pût apercevoir la personne qui le traînait, et on l'entendit distinctement qui disait alors : *O sainte Vierge, ma bonne Mère, venez à mon secours !* »

Enfin le semeur de zizanie fit tant et si bien, qu'il obligea le serviteur de Dieu à lui abandonner, une troisième fois, le champ de bataille. Devant les difficultés toujours croissantes, Montfort prit donc le parti de quitter l'hôpital de Poitiers.

A ceux qui seraient tentés de l'accuser de versatilité et d'inconstance, en le voyant ainsi abandonner son œuvre, commencée sous les bénédictions de la croix, pour se porter à de nouvelles entreprises, nous donnerons une belle réponse que nous empruntons textuellement à M. de Clorivière :

« Le propre des hommes apostoliques, dit cet historien, est de ne point avoir ici-bas de séjour fixe et permanent. Ce sont des nuées légères qui, selon le mouvement qu'ils reçoivent d'en haut, vont porter tour à tour en différents lieux la fécondité et l'abondance. Souvent emportés par l'impulsion de l'Esprit-Saint, comme l'Apôtre le témoigne lui-même, ils vont, sans en connaître toujours la raison, où il plaît à ce divin guide de les conduire. C'est ainsi que l'on vit Montfort s'arrêter, pour ainsi dire, tout à coup, au milieu de sa course, pour reprendre la route de Paris où, parmi beaucoup de bonnes œuvres, il devait recueillir une ample moisson de peines et d'humiliations. »

C'était après les pâques de l'année 1703. Avant de quitter Poitiers il se concerta avec la sœur Marie-Louise de Jésus, l'encouragea à persévérer et lui renouvela l'assurance qu'elle serait un jour *fille de la Sagesse*. Pour le moment, ils convinrent ensemble qu'elle solliciterait son admission, comme novice, parmi les sœurs converses, dans la communauté des *Filles de Notre-Dame,* à Châtellerault ; puis il partit pour Paris.

A Paris, son attrait particulier, ou plutôt le besoin, le conduisit directement à l'hospice de la Salpêtrière, aux portes de la capitale. Ce qui semble confirmer cette dernière supposition, c'est la plainte à peine voilée qu'il laissa échapper dans une lettre adressée à sa fille spirituelle, quelque temps après son arrivée. *Je ne connais plus d'amis ici que Dieu seul,* écrit-il ; *ceux que j'avais autrefois à Paris m'ont abandonné.*

Jamais peut-être, dans tout le cours de sa vie, Montfort ne ressentit plus vivement cette douleur morale que font aux âmes généreuses le délaissement et l'abandon, et que l'auteur de l'*Imitation* a si bien nommée *l'exil du cœur*.

Là, comme à Poitiers, il voulut se mettre au service des pauvres et des malades ; mais le démon l'y poursuivit de sa haine et réussit à le faire passer, aux yeux des administrateurs, pour un brouillon et un novateur dangereux. C'est pourquoi, au bout de quatre ou cinq mois à peine, on lui signifia son congé.

Que va-t-il devenir, sans habitation, sans ressources, sans appui du côté des hommes, abandonné et rejeté par tous ? Il ne s'en préoccupe nullement. N'y a-t-il pas une Providence qui donne aux plus petits des oiseaux le vêtement et la pâture ? Comment laisserait-elle dans la détresse son enfant qui l'aime et se confie en sa maternelle bonté ? Par la charité des dames du Saint-Sacrement, la bonne Providence pourvut donc à sa subsistance, et elle lui fit aussi trouver un logement dans un misérable réduit, sous un escalier, dans le voisinage du noviciat de la Compagnie de Jésus, rue du Pot-de-fer. C'était tout ce qu'il lui fallait ; il n'en demanda pas davantage.

« Un vaisseau de terre, une pauvre couchette, des vêtements usés, un bréviaire, un crucifix, une image de la très sainte Vierge et des instruments de pénitence composaient tous ses meubles. Un mendiant de profession aurait eu de la peine à demeurer dans un endroit si obscur et si malsain ; mais ce véritable pauvre de Jésus-Christ s'y trouvait mieux que dans les plus beaux palais... Dieu se plut à y favoriser cette âme pure de ses plus intimes communications, et la douceur céleste qu'il y goûtait fit douter quelque temps au serviteur de Dieu s'il ne ferait pas mieux de préférer le repos de la contemplation aux travaux d'une vie active et tout employée au salut des âmes [1]. »

C'est de ce réduit obscur que Montfort écrivit à Marie-Louise de Jésus les deux lettres les plus admirables qui soient tombées de sa plume [2].

Sa soif infatigable de croix et d'humiliations, son désir de la divine sagesse, lui inspirent, dans ces pages, des soupirs et des élans qui tiennent à la fois du lyrisme et de l'extase de l'amour. Et qu'on ne vienne pas dire que ce n'était, de sa part, qu'une sorte d'amour platonique et sans fondement réel ; car, — le fait est constaté par tous ses historiens, — il n'est aucun genre d'épreuves et de souffrances auquel il n'ait été soumis durant ce séjour qu'il fit dans la capitale. On le calomnia de toutes manières ; sa dévotion, ses prédications même, furent tournées en ridicule. Mais le serviteur de Dieu, comme l'Apôtre, *surabondait de joie au milieu de ses tribulations.*

Se voyant rebuté par les auditoires habitués des églises et des chapelles, il se mit à évangéliser les pauvres, les petits, les abandonnés. « Son zèle, raconte l'abbé Blain, son ami, le portait à tout ce qui était de rebut : il courait après les petits Savoyards, les ramoneurs, les gueux et les misérables ; et, après les avoir rassemblés, il leur distribuait le pain de la divine parole, attentif à se mouler en tout sur son divin modèle, Jésus-Christ, qui n'a guère eu pour disciples et auditeurs que des pauvres et des gens du commun. »

---

[1] De Clorivière, p. 89-90.

[2] Elles ont été retrouvées par M. l'abbé Pauvert, qui les a insérées dans son histoire du Bienheureux.

Le zélé missionnaire aurait voulu jeter les fondements d'une société de prêtres décidés à l'aider dans son œuvre d'évangélisation ; il y songea sérieusement alors et fit même quelques tentatives dans ce but. Mais les circonstances lui étaient par trop défavorables : ses amis eux-mêmes refusèrent de le suivre dans cette voie, et il dut remettre à plus tard l'exécution de son projet.

Pour le consoler de cet abandon universel, la Providence le tira de son obscurité et lui fit confier une mission difficile et délicate dont il s'acquitta à la satisfaction de tous les intéressés.

Il s'agissait de ramener l'ordre et la discipline parmi les ermites du Mont-Valérien, en rupture avec leurs règlements et devenus ingouvernables.

Le recueillement habituel du saint prêtre, son esprit d'oraison, ses mortifications excessives, plus encore que ses exhortations, touchèrent les rebelles et triomphèrent de leur obstination. Ces solitaires réputés si austères, dit M. Blain, ne paraissaient plus l'être devant lui ; car à toutes leurs pénitences il ajoutait encore les siennes. En le voyant, à peine couvert d'une pauvre soutane usée, rester des heures entières immobile et à genoux dans leur chapelle, malgré le froid d'un hiver des plus rigoureux, ils ne purent résister plus longtemps à l'appel de la grâce ; tous rentrèrent dans le devoir [1].

---

[1] Le mont Valérien, au sommet duquel Louis-Philippe et M. Thiers ont construit l'un des forts les plus redoutables de la capitale, possédait jadis un *calvaire* monumental, cher à la piété des Parisiens, et un *chemin de croix* dont les stations étaient marquées par autant de chapelles où les scènes de la passion étaient représentées par des figures de grandeur na-

C'est au beau milieu de ces succès apostoliques de Montfort au mont Valérien, que deux lettres consécutives furent écrites par Mgr de Poitiers à M. Leschassier, supérieur de Saint-Sulpice, pour réclamer le saint prêtre, au nom des pauvres de l'hôpital. Ces deux lettres, restées sans réponse, ne lui furent pas communiquées ou s'égarèrent peut-être en route. Enfin, une longue et touchante supplique, écrite dans le même but par les pauvres eux-mêmes, réussit à faire sortir de sa réserve le grave supérieur de Saint-Sulpice.

Comment, en effet, eût-il pu résister à des supplications comme celles-ci, qu'on dirait écrites avec des larmes ?

« De l'hôpital général de Poitiers, ce 19 mars 1704.

« Monsieur,

« Par la passion et la mort du bon Jésus,

« Nous, quatre cents pauvres, vous supplions très humblement, par le plus grand amour et la gloire de Dieu, nous faire venir notre vénérable pasteur, celui qui aime tant les pauvres, M. Grignon. Hélas ! Mon-

---

turelle. Pendant sa mission chez les ermites, le B. Montfort aimait à parcourir ces stations, et il y conçut très probablement le dessein du monument similaire qu'il entreprit plus tard dans la lande de Pontchâteau, au diocèse de Nantes.

Nous ferons remarquer que le calvaire et les chapelles stationnales du mont Valérien ont été érigées à l'imitation du monument de Bétharram, au XVIIe siècle, et par le même personnage, un saint homme nommé Hubert, charpentier de son état. Il y a donc une corrélation et une tradition intéressantes entre les *trois célèbres calvaires* de Bétharram, du mont Valérien et de Pontchâteau.

Le Bienheureux méditant sur la croix.

(D'après une statue.)

sieur, nous ressentons plus que jamais la perte que
nous avons faite pour le salut de nos âmes ; car pour
le bien de ce monde, ce n'est pas ce qui nous inquiète,
la Providence fournit à nos besoins... Le démon n'en
veut qu'à nos âmes, et, pour cela, il a remué toutes
sortes de machines et de tentations pour faire échoir
l'œuvre de Dieu et faire en aller celui qui faisait tant
de conquêtes au bon Jésus... Nous voyons tous les jours
que l'édifice qu'il avait commencé, pour n'être pas assez
affermi, se va détruisant petit à petit... Mon très cher
Monsieur, nos besoins pressants ne toucheront-ils point
votre cœur qui aime Dieu et sa gloire et le salut des
âmes? Quel grand bien vous ferez de nous envoyer
notre ange! Vous en aurez une grande gloire dans le
ciel. Les pauvres sont toujours méprisés et on n'écoute
point leurs humbles demandes. Nous le demandons
bien à notre illustre et révérendissime évêque, qui
nous a dit qu'il l'avait demandé deux fois ; les grands
n'aiment point à être refusés, et, pour cela, il faut que
l'intérêt de Dieu soit mis en oubli !... Pardon, mon bon
Monsieur, de la hardiesse que nous prenons : c'est
notre indigence de toutes manières qui nous fait vous
importuner, et les grandes peines que nous avons...
Enfin, mon Dieu, pardonnez-nous nos grands péchés
qui nous ont attiré une pareille disgrâce. Si nous pouvons une fois le ravoir, nous serons plus obéissants et
fidèles à nous donner à notre bon Dieu, et le prierons,
Monsieur, de vous conserver et augmenter ses bénédictions et la persévérance finale.

« Les pauvres de Poitiers. »

De pareils accents ne pouvaient manquer de trouver le chemin du cœur de Montfort.

Après un an d'absence, il reprit donc, en pèlerin toujours, la route de Poitiers, et y arriva dans la dernière quinzaine du mois de mars 1704.

CHAPITRE VIII

Le B. Montfort rentre à l'hôpital de Poitiers pour en sortir définitivement quelques mois après. — Le missionnaire, son but, ses moyens; observations générales sur ses missions.

(1704)

Plus encore que la première fois, la rentrée de Montfort à l'hôpital de Poitiers fut un véritable triomphe. Des feux de joie témoignèrent au saint prêtre du bonheur que ses chers pauvres avaient de le revoir.

Quant à luï, il leur apporta, comme auparavant, ses services désintéressés, son dévouement sans réserve, son zèle vraiment sacerdotal pour leur bien spirituel et temporel, en un mot, tout son cœur.

Comme la charge de directeur était devenue vacante, on la lui offrit. Il l'accepta, dans l'espoir de pouvoir faire plus de bien et avec plus de liberté, et il cumula ainsi les fonctions d'aumônier et de directeur de l'établissement.

L'un de ses premiers soins fut d'y rappeler Marie-

Louise de Jésus, sa fille spirituelle. Est-il besoin de dire que cette âme pieuse qui, plus que toute autre, avait souffert et gémi de son absence, s'empressa de répondre à son appel : elle revêtit le saint habit de la religion qu'elle avait dû quitter momentanément, pour le porter dorénavant jusqu'à la mort ; puis elle reprit auprès de lui son poste de dévouement, trop heureuse de marcher à sa suite dans la voie de la perfection qu'il lui ouvrait si large et si attrayante par ses exhortations et ses exemples.

Tout le monde paraissait content ; l'ordre et la paix semblaient rétablis pour longtemps à l'hôpital. Ce fut, hélas ! l'affaire de quelques mois à peine. De nouvelles intrigues des gouvernantes contrecarrèrent le pieux directeur dans les plus louables efforts de son zèle, et le forcèrent à résigner, d'une manière définitive, cette fois, les fonctions qu'il n'avait acceptées à nouveau que sur les instances réitérées des administrateurs et des pauvres.

Toutefois il ne se décida à se retirer qu'après avoir pris l'avis de son confesseur, le P. de la Tour. Sœur Marie-Louise de Jésus elle-même, consultée par lui en cette grave circonstance, montra, en approuvant son départ, jusqu'où allaient son détachement et la pureté toute surnaturelle de ses intentions.

Montfort en fut comblé de joie. En faisant ses adieux à sa fille spirituelle, il lui recommanda de ne point sortir de l'hôpital *avant dix ans.*

Quand bien même, ajouta-t-il, *l'établissement des Filles de la Sagesse ne se ferait qu'au bout de ce terme, Dieu serait satisfait et ses désirs sur vous seraient remplis.*

Cette parole était prophétique.

C'est, en effet, *dix ans* plus tard que Marie-Louise de Jésus quitta l'hôpital de Poitiers avec sa compagne, Mlle Brunet (sœur de la Conception), pour aller à la Rochelle, où fut enfin fondé d'une manière stable l'établissement des *Filles de la Sagesse*.

Mais quelle épreuve que cette longue attente pour la vertu et les désirs naturellement impatients d'une jeune fille de vingt ans ! et comme l'œuvre de Dieu se montre éclatante et admirable dans sa tranquille et inébranlable fidélité à sa vocation !

Avec ses deux filles toutes pénétrées de son esprit, Montfort laissa à l'hôpital, pour · y continuer son œuvre, son sous-directeur, M. Dubois, qu'il avait formé, par son exemple, à ce ministère de dévouement et de charité.

Pour lui, dégagé maintenant de ses obligations, il va enfin pouvoir entrer résolument dans sa véritable carrière, celle des missions, où le portaient les aspirations et les préférences natives de son zèle sacerdotal. Ce zèle brûlant dont il était dévoré pour le salut des âmes se trouvait à l'étroit et comme étouffé entre les quatre murs d'un hôpital. Aussi tout le bien qu'il avait fait jusque-là ne lui semblait-il rien. A ce grand semeur de la parole de Dieu il fallait un champ plus vaste; à ce conquérant infatigable il fallait des foules, des multitudes innombrables, tout un peuple à gagner à Jésus-Christ.

Mgr l'évêque de Poitiers accueillit avec joie la proposition que lui fit le saint prêtre de s'employer à donner des missions dans les faubourgs et les diverses paroisses de sa ville épiscopale. Il enjoignit même à quelques ecclésiastiques distingués de le seconder dans son œuvre d'évangélisation. De plus, il le nomma directeur des *Pénitentes,* et lui fournit, à ce titre, un logement à côté de leur église, afin qu'il pût s'y retirer dans les intervalles de ses missions.

Montfort avait alors trente et un ans : ils se trouvait dans la force de l'âge et dans toute la plénitude de ses facultés. Aussi que de travaux accomplis pendant les *douze années* que dura son apostolat !

Comme le voyageur qui se hâte d'arriver avant la nuit, il se sentait pressé plus que jamais de mettre à profit le reste de ses jours, en travaillant sans relâche au salut des âmes. *Je veux mettre au service de vos âmes toutes mes énergies et faire l'impossible pour les sauver,* disait l'apôtre saint Paul. Telle semble avoir été aussi la devise de Montfort.

« Attaquer ouvertement le monde, faire une guerre implacable au vice, le couvrir de honte et d'infamie, arracher à Satan ses malheureuses victimes, dissiper les illusions funestes à l'aide desquelles il tient la plupart des hommes sous sa puissance, apprendre aux ignorants leurs devoirs et les leur faire goûter, exciter les parfaits, les conduire à l'héroïsme des vertus chrétiennes, faire partout refleurir la piété dans le sanctuaire, dans le cloître et parmi les personnes du siècle, voilà ce que se proposa l'homme apostolique, voilà ce qu'il regarda comme le but d'une mission vraie, et ce qu'il entreprit sans rien craindre de ce qu'il aurait à souffrir de la part du monde et des puissances de l'enfer [1]. »

Pour atteindre ce but, divers étaient ces moyens.

---

[1] De Clorivière.

Nous avons déjà longuement parlé de ses *cantiques* si doctrinaux, si pieux, si entraînants. Assurément, il leur dut une bonne part de ses succès de missionnaire.

Mais son arme par excellence pour faire la conquête des âmes, ce fut *la prédication*.

Il ne s'y livra jamais sans une forte préparation, qui

Sœur Marie-Louise de Jésus.

consistait surtout dans son recueillement habituel en Dieu par la prière, dans la méditation et l'étude approfondie des vérités éternelles, dans la rédaction de plans de sermons travaillés avec soin.

Les fils spirituels qui continuent aujourd'hui son œuvre possèdent encore un cahier demi-*in-folio* contenant ses plans de sermons, entièrement écrit de sa main. « Imaginez-vous, dit l'un de ses historiens, quatre cents pages remplies d'une écriture microscopique, admirable de correction et de netteté. Elles renferment tous les sujets du dogme et de la morale qui peuvent

être traités dans la chaire sacrée... Vous y trouverez
deux cents squelettes de discours, charpentes osseuses
dont toutes les pièces fortement emboîtées annoncent
la solidité, sans que vous puissiez dire quelle en sera
la beauté, lorsque l'orateur, pareil au prophète, les
aura animés de son souffle, faisant croître les nerfs,
les muscles et tous les appareils de la vie [1]. »

La forme était laissée d'ordinaire à l'inspiration du
moment. Sans négliger aucun des moyens oratoires qui
peuvent servir à convaincre les esprits et à toucher les
cœurs, le saint missionnaire était toujours simple et
sans la moindre recherche dans ses discours : jamais
une vaine éloquence n'adultéra dans sa bouche la parole
de Dieu.

Une autre préparation à laquelle il recourait aussi
constamment, avant de monter en chaire, consistait à
fléchir la justice de Dieu par une rude discipline et à
se rendre, par ces saintes rigueurs exercées sur son
corps, un plus digne instrument de ses miséricordes
sur les pécheurs. Lui faisait-on des observations à ce
sujet, il répondait, en souriant, que *le coq ne chante
jamais mieux qu'après s'être battu les flancs avec ses
ailes.*

Selon le mot d'une grande chrétienne qui fut aussi
un grand écrivain, *il y a une éloquence plus haute que
celle de la parole, c'est celle de la vie* [2]. Or, en Montfort, celle-ci donnait à celle-là une puissance qui en
doublait les effets merveilleux. Il ne faisait, d'ailleurs,
que mettre en pratique les leçons du divin Mission-

---

[1] L'abbé Pauvert.
[2] Marie Jenna. *Pensées d'une croyante.*

naire enseignant par l'exemple avant d'enseigner par la parole [1].

Après la prédication qui faisait rentrer le pécheur en lui-même, venait *la confession*, qui réparait les désordres de sa vie. Au saint tribunal de la pénitence, Montfort parachevait ce qu'il avait commencé en chaire, la conversion du pauvre prodigue. C'est là qu'avec une miséricorde vraiment paternelle il accueillait les aveux de son repentir, le jetait dans les bras et sur le cœur de Dieu et le revêtait de la robe première de l'innocence, avant de l'admettre aux joies du céleste banquet.

Il avait horreur d'une morale trop sévère : autant il tonnait en chaire contre le péché et lui faisait une guerre sans merci, autant il se montrait doux et plein de bonté pour le pécheur repentant. *J'aimerais mieux*, disait-il, *souffrir en purgatoire pour avoir eu trop de douceur pour mes pénitents, que pour les avoir traités avec une sévérité désespérante.* Ajoutons, toutefois, que cette douceur n'excluait pas la fermeté.

Indépendamment de ces grands moyens de conversion, le zélé missionnaire avait encore d'autres moyens secondaires et tendant indirectement au même but, comme les cérémonies nombreuses et éclatantes qu'il savait admirablement organiser, et pour lesquelles il avait un matériel assez considérable, dont il se faisait suivre d'une paroisse dans une autre.

Parmi ces cérémonies, nous mentionnerons les processions de pénitence, celles du rosaire, du renouvellement des promesses du baptême, où l'on portait des

---

[1] « Cœpit Jesus facere et docere. » (*Act.* I, 1.)

croix, des statues et de nombreuses bannières, notamment les quinze étendards du rosaire tout brillants d'or, sur lesquels il avait fait représenter les quinze mystères, objet de cette dévotion[1].

Tout ce déploiement de pompes religieuses, joint au chant de ses beaux cantiques, produisait toujours sur les masses une impression salutaire, une sorte d'entraînement magique dont les indifférents eux-mêmes avaient peine à se défendre. Que de pécheurs ont trouvé dans cette impression involontaire l'un des stimulants de leur retour à Dieu! A la vue de ces touchantes cérémonies, ils auraient pu dire, eux aussi, avec saint Augustin : « Vos hymnes et vos cantiques, ô mon Dieu, et le chant si doux de votre Église, me remuaient et me pénétraient; et ces voix ruisselaient à travers mes oreilles, et elles faisaient couler la vérité dans mon cœur; l'émotion pieuse y bouillonnait, les larmes débordaient enfin, et je me trouvais bien avec elles[2]. »

La procession qui se faisait le jour du renouvellement des promesses du baptême avait spécialement ce caractère d'émouvante solennité, bien propre à faire naître au fond des cœurs les impressions dont nous parlons.

Tous ceux qui avaient fait leur mission y prenaient part : ils défilaient, au chant des cantiques, sur deux

---

[1] « M. Grignon, dit Grandet, faisait sept processions par chaque mission : les trois premières, les jours de communion générale pour les hommes, les femmes et les enfants; la quatrième, au cimetière, le jour du service pour les fidèles trépassés; la cinquième, le jour du renouvellement des vœux du baptême; la sixième, pour la plantation de la croix, et la septième, le jour de la distribution des croix de mission et des *noms de Jésus.* »

[2] *Confessions* (l. IX, c. VI).

ou quatre lignes, tenant à la main un chapelet, une croix et un *contrat d'alliance*. Ce contrat d'alliance était une formule des promesses du baptême que Montfort avait fait imprimer pour cet usage, et à laquelle il avait joint un petit règlement de vie chrétienne [1]. A cette procession, le livre de l'Évangile était porté entre deux flambeaux, à la tête du clergé, par un prêtre faisant les fonctions de diacre. Au retour, celui-ci s'arrêtait à la porte de l'église et présentait le livre divin à chacun des fidèles. Tous, successivement, se mettaient à genoux pour le baiser, et prononçaient en même temps ces paroles du contrat d'alliance : *Je crois fermement toutes les vérités du saint Évangile de Jésus-Christ.*

Ils entraient ensuite, et, passant devant les Fonts baptismaux, ils les baisaient en disant ces autres paroles : *Je renouvelle de tout mon cœur les vœux de mon baptême, et je renonce pour jamais au démon et à moi-même.*

De là, ils avançaient encore en bon ordre jusqu'au pied d'un autel, celui de la sainte Vierge, quand il y en avait un dans l'église, où Montfort leur donnait à baiser les pieds de sa petite statue de la mère de Dieu, pendant qu'ils achevaient la formule du contrat : *Je me donne tout entier à Jésus-Christ par les mains de Marie, pour porter ma croix tous les jours de ma vie.*

Le chant du *Credo,* et quelques paroles entraînantes que le saint missionnaire adressait à la foule, en tenant

---

[1] Il devait être revêtu de la signature du porteur. Or comme beaucoup ne savaient pas signer, Montfort, à leur demande, signait pour eux, et cette signature du saint missionnaire restait comme une relique précieuse que l'on conservait dans les familles.

lui-même le livre de l'Évangile sur la poitrine, terminaient la cérémonie.

Non moins belle et non moins émouvante était la procession de clôture, où l'on portait ordinairement en triomphe la grande croix de bois que l'on plantait en souvenir de la.mission.

Montfort, on le sait, fut un planteur de croix comme il s'en est peu rencontré avant et depuis lui. En arrivant dans un pays pour l'évangéliser, il commençait par choisir l'endroit où cette divine croix serait le plus apparente, semblable à ces conquérants qui s'avancent en établissant des citadelles sur les meilleures positions[1].

Ces processions triomphales de la croix de mission couronnaient admirablement les saints exercices, et laissaient au fond des âmes les plus durables impressions. Tout s'y passait avec un ordre et un entrain sans pareil. Mais notre cadre restreint ne nous permet pas d'entrer dans de plus longs détails. Au reste, nous aurons occasion de signaler plus particulièrement quelques-unes de ces processions dans la suite de cette histoire.

Toutes les missions du Bienheureux étaient absolument gratuites; il n'en recevait jamais aucun salaire autre que sa nourriture et celle de ses aides. Aussi,

---

[1] Les chênes les plus gigantesques de la contrée servaient à la confection de la croix. Quand on n'attachait pas à ses grands bras l'image de Jésus crucifié, on y mettait au moins celle de son *sacré Cœur* entouré de rayons de flammes, et on y ajoutait souvent la représentation des instruments et des souvenirs de la Passion, tels que la lance et l'éponge, le marteau et les clous, voire même le coq de saint Pierre... Puis, à l'invitation du saint missionnaire, nos pères couvraient la croix, de la base jusqu'au sommet, de *cœurs symboliques,* en plomb doré, représentant les âmes attirées par l'amour de notre divin Sauveur. C'était une protestation contre les restrictions calculées et les froideurs désolantes de l'hérésie janséniste.

avait-il baptisé du nom de *maison de la Providence* celle qu'il habitait avec ses collaborateurs, pendant les missions, pour bien faire comprendre à tout le monde qu'il ne voulait rien devoir qu'à la charité. « Toutes les missions que j'ai eu l'honneur de faire avec lui, écrivait M. des Bastières, missions qui sont au nombre de quarante au moins, ont été faites aux dépens de la Providence, qui lui a toujours fourni si abondamment des vivres, qu'après en avoir tiré son nécessaire et celui de ses missionnaires, il trouvait encore de quoi nourrir et vêtir un grand nombre de pauvres. »

Enfin, pour assurer le fruit de ses missions, le Bienheureux avait coutume de laisser après lui un établissement quelconque de piété ou de charité, qui fût comme un monument parlant, un foyer de lumière et de chaleur spirituelles, destiné à entretenir les âmes dans la foi et le zèle pour tout ce qui touche aux choses de Dieu.

Ici, il établissait des écoles chrétiennes, formait des maîtres pour les tenir, et leur donnait des méthodes pratiques d'enseignement; là, il organisait des confréries de *vierges,* de *pénitents,* des *amis de la croix,* de *l'adoration du saint Sacrement.* Presque partout il implantait, avec une prédilection marquée, la dévotion du *saint Rosaire.* Nul moyen ne lui réussit mieux pour maintenir la piété et établir le règne de Dieu dans les cœurs.

Le saint Rosaire avait été l'arme victorieuse dont s'était servi saint Dominique pour triompher de l'hérésie des Albigeois; Montfort l'utilisa avec non moins de succès contre celle des Jansénistes. Il en parlait sans cesse; il apprenait aux foules les mystères qu'il renferme et la méthode pour le réciter avec fruit; il en prescrivait la récitation quotidienne, comme un des plus grands secrets révélés par le Ciel pour faire avancer les âmes dans la perfection, et voyait dans cette pratique pieusement et fidèlement observée la sauvegarde de la foi et des mœurs.

Combien il avait raison d'en juger ainsi, les événements le prouvèrent, quatre-vingts ans plus tard, quand la Révolution voulut imposer son impiété à nos religieuses populations de l'ouest, et à celles de la Vendée en particulier. La dévotion du Rosaire s'y était transmise de père en fils. De ces pauvres chaumières vendéennes où, à côté du crucifix et de l'humble statuette de Marie, on voyait collée à la muraille enfumée l'image du saint missionnaire, sortit alors toute une légion de héros et de martyrs, qui, le chapelet à la main et le sacré Cœur sur la poitrine, marchèrent intrépidement au combat, pour la défense de l'autel et du foyer. Or ces soldats du sacré Cœur, qu'on ne l'oublie pas, étaient les fils des chevaliers du saint Rosaire formés à l'école de Montfort.

CHAPITRE IX

Mission de Montbernage; Notre-Dame des Cœurs. — Mission du Calvaire;
incident qui la termine. — Mission de Saint-Saturnin; réparation solennelle au jardin des quatre figures; prophétie; Mme d'Armagnac; le frère
Mathurin, sa vocation. — Retraite aux religieuses de Sainte-Catherine. —
Montfort est interdit. — Son pèlerinage à Lorette et à Rome; audience
de Clément XI. — Son retour; il est chassé de Poitiers.

(1704-1706)

C'est à Montbernage que Montfort ouvrit, dans Poitiers, sa première mission. Montbernage est un faubourg habité par une population ouvrière, situé au
delà du Clain, et dépendant de la paroisse de Sainte-
Radegonde. A cette époque, il était réputé l'un des
plus mauvais quartiers et regardé comme la sentine
de la ville. Ignorance, blasphème, ivrognerie, libertinage, tous les vices y pullulaient.

Le saint missionnaire, dit Clorivière, parut dans ce
milieu comme un homme puissant en œuvre et en
parole, comme un nouveau Jean-Baptiste, sorti du
désert pour prêcher la pénitence. Toute la population
accourut à ses instructions, et se sentit bientôt profon-

5

dément remuée, convertie et changée par son éloquence extraordinaire. La moisson d'âmes fut abondante, et le laborieux moissonneur en fut comblé de joie.

Mais comment assurera-t-il de si heureux résultats? A qui, sinon à Marie, refuge des pauvres pécheurs, confiera-t-il la garde de tous ces cœurs reconquis à l'amour de Notre-Seigneur? Les grouper de temps en temps sous son égide maternelle, les attacher, pour ainsi dire, à elle par la douce chaîne de son *rosaire*, telle fut la première pensée de Montfort. Et, pour la réaliser, il entreprit de dédier, au centre même du faubourg, une chapelle à Marie *reine des cœurs*. Une grange, appelée alors *la Bergerie*, fut achetée et appropriée pour recevoir le troupeau qu'il confiait à la garde de la divine Bergère. Il offrit lui-même la statue dont fut orné le nouveau sanctuaire [1].

La mission qu'il commença peu de temps après dans l'église des religieuses du Calvaire ne fut pas moins suivie ni moins féconde en grâces de conversion. Un incident survenu la veille de la clôture faillit cependant tout compromettre. Cet incident demande à être raconté avec quelques détails.

Dans le cours de ses instructions, l'ardent missionnaire s'était tout particulièrement élevé avec force contre les mauvais livres, livres impies et immoraux, et contre les tableaux scandaleux offensant également la religion

---

[1] Jusqu'à la Révolution les habitants de Montbernage restèrent fidèles à la *dévotion du Rosaire* établie par Montfort dans leur chapelle. Cette chapelle, agrandie en 1834, est devenue église paroissiale sous le vocable de l'*Immaculée-Conception de la sainte Vierge*. On y conserve encore la statue intronisée jadis par le saint missionnaire; elle a traversé sans dommage la tempête des mauvais jours, et est toujours honorée sous son beau titre de *Reine des cœurs*.

ou les mœurs. Aussi bon nombre de personnes, frappées de ses exhortations, s'étaient-elles empressées de lui remettre entre les mains une énorme quantité de ces infâmes productions. Plus de cinq cents volumes et autant de tableaux ou gravures furent ainsi apportés au prédicateur.

L'occasion était belle d'en faire un immense autodafé, en les brûlant sans merci. Suivant en cela l'exemple de l'apôtre saint Paul à Éphèse[1], Montfort résolut donc d'en faire un immense bûcher, sur la place voisine de l'église, et d'y mettre le feu publiquement, afin de mieux inspirer ainsi l'horreur des mauvaises lectures. Sur les cendres de toutes ces œuvres infâmes il devait planter une croix, comme gage de la victoire de Jésus-Christ sur l'enfer.

Or, pendant le sermon qui précéda l'exécution de ce projet, des esprits railleurs et malintentionnés outrepassèrent les ordres et les intentions du missionnaire, en hissant au-dessus du bûcher une figure étrange qu'ils rendirent encore plus ridicule en y attachant des boudins et des saucisses en guise de pendants d'oreilles. Puis ils répandirent dans toute la ville le bruit que Montfort allait faire brûler le diable, représenté par l'effigie dont nous venons de parler[2].

Cette mauvaise farce était-elle le fait de jansénistes ou de calvinistes haineux, vexés des prodigieux succès obte-

---

[1] *Act.* xix, 19.

[2] Le célèbre dominicain Savonarole fit jadis une exécution semblable dans la ville de Florence, et il avait fait surmonter de la figure grimaçante du carnaval le *capannucio* chargé de tous les *anathèmes,* c'est-à-dire tous les objets immoraux, livres, tableaux, parures, etc..., auquel il vint mettre le feu. (Audin, *Études sur la Réforme; Léon X,* t. Ier, 169-171.) Ne faudrait-il point voir dans le fait de Poitiers une réminiscence et une imitation de celui de Florence?

nus par le saint prêtre? On le croit généralement. Toujours est-il que Satan et ses suppôts y trouvèrent leur compte et en profitèrent pour exciter contre lui un commencement d'émeute.

Trop prompt à s'en rapporter au récit exagéré de l'affaire, qui lui fut transmis par l'un des prêtres collaborateurs de Montfort, un grand vicaire de Mgr l'évêque de Poitiers, M. de Villeroi, crut, dans l'absence du prélat, qu'il était de son devoir d'intervenir, pour interdire la manifestation projetée. Sans prendre de plus amples informations, il vient donc en toute hâte à l'église du Calvaire et impose silence au prédicateur, dans les termes les plus blessants et les plus propres à l'humilier et le mortifier.

Jamais correction ne fut mieux reçue. Montfort se mit à genoux pour l'entendre, et descendit aussitôt de chaire, sans ouvrir la bouche pour se disculper.

Après le départ du grand vicaire, il se contenta de dire à ses nombreux auditeurs, témoins étonnés et indignés de cette grande humiliation, mais plus encore édifiés de sa vertu : *Mes frères, nous nous disposions à planter une croix à la porte de cette église; Dieu ne l'a pas voulu; nos supérieurs s'y opposent; plantons-la dans nos cœurs : elle y sera mieux que partout ailleurs.* Puis, selon sa coutume, il termina l'exercice par la récitation du rosaire.

Naturellement l'exécution n'eut pas lieu. Une foule d'écoliers et de libertins pillèrent les livres et les tableaux amoncelés sur la place et les emportèrent en poussant des cris sauvages. L'enfer triomphait.

Après une telle scène, tous les fruits de la mission n'étaient-ils pas humainement perdus? Montfort le craignit beaucoup, et il passa la nuit suivante en prières pour détourner ce malheur. Heureusement il n'en fut rien. La clôture de la mission, qui avait lieu le lendemain, se fit de la manière la plus édifiante.

Dieu, qui se plaît à glorifier les humbles, permit qu'elle fût même l'occasion d'un véritable triomphe pour le saint missionnaire. Un autre grand vicaire de Mgr de Poitiers, M. Révol, le loua et l'exalta publiquement, dans cette circonstance, autant et plus que ne l'avait méprisé et abaissé, la veille, M. de Villeroi. A ces éloges Montfort répondit par des paroles tout empreintes de la plus profonde humilité, paroles qu'il faut citer, parce qu'elles nous révèlent trop bien le fond de sa belle âme.

Je vous demande pardon, mes chers frères, dit-il, du scandale que je vous donnai hier, sans doute par ma faute, quoiqu'on ait mal informé nos supérieurs. Ce qui me cause un regret sensible, c'est que tant de mauvais livres et de tableaux obscènes aient été répandus dans le public. Hélas! que ne m'a-t-on plutôt ôté la vie; car ces instruments de péché vont produire une infinité de scandales dans le monde! Si je pouvais les racheter par l'effusion de tout mon sang, je le répandrais de tout mon cœur jusqu'à la dernière goutte, pour effacer ces livres et ces peintures.

L'influence du missionnaire sur les populations ne fut en rien diminuée par les épreuves qu'il venait de traverser; car le bon sens populaire savait lui rendre justice et lui tenir compte, en toutes choses, de la parfaite droiture de ses intentions. Les fruits de ses prédications n'en furent même que plus abondants, en vertu de cette loi du progrès spirituel, énoncée sous forme de parabole par Notre-Seigneur, qui veut que le grain de froment soit jeté en terre et qu'il y meure pour germer et fructifier au centuple.

La mission de Saint-Saturnin, que Montfort prêcha après celle du Calvaire, confirma cette vérité.

Là encore, le zélé missionnaire s'arma d'une sainte audace pour remédier à de graves abus dont un endroit du faubourg était le théâtre.

Un jardin, appelé le *Jardin des quatre figures* à cause de quatre statues colossales qui le décoraient, était le rendez-vous de tout ce que la ville renfermait de gens désœuvrés et de mœurs dissolues. Montfort commença par expier sur lui-même, en redoublant ses mortifications, les outrages dont son divin Maître était abreuvé en ce lieu. Ce fut comme son Gethsémani. Chaque soir, quand il avait terminé les exercices de sa mission, il s'y retirait, à l'exemple de Notre-Seigneur au jardin des Oliviers, et là, prosterné contre terre, repassant dans l'amertume de son âme les iniquités sans nombre qui avaient souillé cette solitude, il s'efforçait de la purifier par la ferveur de sa prière, l'abondance de ses larmes et le sang qu'il répandait, victime volontaire, sous les coups d'une cruelle flagellation.

Mais il ne se contenta pas de cette expiation privée et personnelle; il voulut y faire participer ceux-là mêmes qui souvent avaient été les auteurs ou tout au moins les fauteurs de ces désordres. Cette réparation se fit par une procession solennelle, le 6 février 1706, et réussit au gré de ses désirs.

Dans le discours ému qu'il prononça dans la circonstance, Montfort, éclairé d'une lumière d'en haut, prophétisa qu'un jour ce lieu de scandales et de péché deviendrait un lieu de prières, qui serait desservi par des religieuses. Moins de cinquante ans après, en l'année 1746, la prophétie de l'homme de Dieu était accomplie.

C'est dans ce même emplacement que s'élève aujourd'hui *l'hospice des incurables,* dont la direction est confiée aux Filles de la Sagesse [1].

M. de Clorivière raconte, de la même époque, un trait remarquable témoignant à la fois de la sainteté et du don prophétique du serviteur de Dieu.

« Vers ce même temps, dit-il, Mme d'Armagnac, femme du gouverneur et lieutenant du roi à Poitiers, était à la dernière extrémité et abandonnée des méde-

[1] Le Bienheureux manifesta bien d'autres fois le don de prophétie dont Dieu le favorisa, notamment pendant une mission qu'il aurait prêchée, vers le même temps, à Bressuire. Les *Mémoires* de Mgr Brumauld de Beauregard, évêque d'Orléans, ancien grand vicaire de Luçon, renferment, à ce propos, un témoignage du plus haut intérêt qui mérite de trouver place ici.

« A la cérémonie de la plantation de croix qui clôtura la mission, d'après ce témoignage, M. Montfort dit à l'assemblée : « Mes frères, retenez bien « mes paroles. Un jour, Dieu, pour punir les méchants, enverra dans ces « quartiers une terrible guerre; le sang sera versé sur la terre, et les hommes « se tueront les uns les autres; tout le pays sera renversé. *Cela arrivera* « *quand ma croix sera pleine de mousse.* Retenez-le donc bien... Mais alors, « mon tombeau sera élevé de terre. *Cependant cette guerre ne passera* « *pas ma croix; elle finira là... Tout le pays sur ma droite* (il montrait « la Vendée) *sera le lieu de cette terrible guerre; mais, sur ma gauche,* « *il n'y aura pas de guerre...* »

L'événement a parfaitement vérifié la prédiction. La croix de Montfort couverte de mousse, et comme miraculeusement conservée, a vu la Révolution se déchaîner et s'abattre sur le *bas Poitou,* une partie du *haut Poitou* et de l'*Anjou,* mais sans dépasser cette limite. On sait, en effet, que l'extrême limite de la *Vendée militaire,* à l'est, est marquée par le Thouet, et qu'en dehors de Thouars, d'où les Vendéens délogèrent les républicains, le 5 mai 1793, la lutte de nos *géants* chrétiens et royalistes ne s'est guère étendue au delà de Bressuire.

« En ce qui concerne le tombeau du saint missionnaire, ajoute Mgr de Beauregard, on constate qu'il avait été élevé de terre, en manière d'autel, une quarantaine d'années auparavant. »

(*Mémoires* de Mgr Brumauld de Beauregard, t. II, 168, 169.)

cins. Le P. de la Tour, confesseur de Montfort, le pria de vouloir bien dire la messe pour elle. Après sa messe celui-ci vint annoncer que cette dame recouvrerait la santé ; et le Père, qui connaissait à fond la simplicité de son cœur et la bonté de son esprit, l'ayant chargé d'être lui-même le porteur de cette nouvelle, il obéit à l'instant, entra dans la chambre de la malade et lui dit ces paroles : *Madame, vous ne mourrez pas de cette maladie ; Dieu veut vous laisser sur la terre et prolonger vos jours, pour continuer vos charités aux pauvres.* Depuis ce moment, la malade commença à se mieux porter, et a vécu douze ans encore [1]. »

Une autre preuve des vues surnaturelles et prophétiques du Bienheureux missionnaire est la vocation extraordinaire du *frère Mathurin*.

En lisant ce fait rapporté d'une manière à peu près identique par tous les historiens, on le croirait volontiers emprunté au livre de l'Évangile, tant il rappelle la vocation des apôtres. Ce fut, aussi bien, un apôtre à sa manière, que ce pieux jeune homme de la paroisse de Bouillé (Deux-Sèvres), venu à Poitiers avec l'intention de se faire capucin.

Il était entré, conduit par la Providence, dans l'église des *Pénitentes*, pour y faire ses dévotions. Montfort confessait au même moment dans cette église ; il est frappé de sa piété extraordinaire ; il l'aborde, et, après s'être enquis du but de son voyage, lui adresse cette simple parole du divin Maître : *Suivez-moi !*

Le jeune homme obéit sur-le-champ, sans la moindre

---

[1] Après la mort de Montfort, M. d'Armagnac déposa de ce fait, avec serment, en présence des notaires royaux et apostoliques, le 28 novembre 1718.

observation. A dater de ce jour, il s'attacha au saint missionnaire pour l'aider dans son apostolat et ne plus se séparer de lui. Sous le nom de *frère Mathurin,* pendant plus d'un demi-siècle, on le vit, à la suite de l'homme de Dieu et des continuateurs de son œuvre, déployer un zèle admirable pendant les missions, faisant le catéchisme aux enfants, chantant des cantiques, organisant les différentes cérémonies avec une aptitude et un dévouement sans pareils.

Saluons, dans cet humble coadjuteur de Montfort, le premier frère de la *communauté du Saint-Esprit,* la souche de cet arbre aux salutaires ombrages, qui se ramifia plus tard en *deux branches,* dont l'une, plus forte et plus vigoureuse, connue aujourd'hui sous le nom d'*Institut des Frères de Saint-Gabriel,* abrite un grand nombre d'*oiseaux du ciel,* et réalise si bien la pensée du Bienheureux, relativement à l'éducation chrétienne de l'enfance et de la jeunesse[1].

Cependant Montfort poursuivait le cours de ses missions dans Poitiers avec un succès toujours croissant : la foule s'attachait à ses pas, comme jadis à ceux du divin Maître; elle subissait l'ascendant dominateur de sa parole, non moins que le charme de sa vertu, et semblait vouloir lui rendre en admiration, en docilité, en attachement, quelque chose de ce dévouement tout apostolique qu'il lui témoignait en toutes rencontres.

Mais il se rencontra alors, comme du temps de Notre-Seigneur, des pharisiens ombrageux et jaloux, pour trouver mauvais que la foule courût après lui, pour

---

[1] Le frère Mathurin mourut en prédestiné, à Saint-Laurent-sur-Sèvre, en l'année 1759.

incriminer son zèle et chercher une occasion de le prendre en défaut. Cette occasion était déjà trouvée; restait à infliger au prétendu coupable le châtiment de ce qu'ils appelaient ses excès, ses excentricités. .

La mission de Saint-Saturnin terminée, l'infatigable ouvrier avait commencé les exercices d'une retraite chez les religieuses de Sainte-Catherine, lorsqu'on lui notifia un interdit de la part de l'évêque, avec l'injonction de sortir au plus tôt du diocèse de Poitiers. C'était une suite des événements qui s'étaient passés à la mission du Calvaire. Personne ne s'y méprit : M. de Villeroi et les jansénistes, ses amis, avaient provoqué cette mesure violente et injustifiable.

Sous ce coup inattendu, Montfort n'essaya nullement de se réhabiliter aux yeux de l'évêque circonvenu, ce qui lui eût été facile. Accoutumé à voir la volonté de Dieu dans les décisions de ses supérieurs, aussi bien que dans les injustes persécutions de ses ennemis, il embrassa cette nouvelle croix avec le même amour que les autres, avec le même silence humble et résigné.

Ne pouvant plus continuer ses missions, à cause de l'interdit qui le frappait, il prit alors le parti d'aller à Rome soumettre sa personne, sa conduite, son enseignement, sa méthode d'évangélisation et ses œuvres au Vicaire de Jésus-Christ, résolu de se mettre entièrement à sa disposition, soit pour une mission en pays infidèle, soit pour continuer, d'après sa direction et ses conseils, celle qu'il avait commencée dans sa propre patrie.

A l'exemple d'un grand nombre de nos saints français, le serviteur de Dieu alla à Rome d'instinct, comme la pierre à son centre, comme le fils à sa mère, comme le vaisseau fatigué par la tempête cherche le port.

Toutefois il ne voulut pas partir pour ce lointain voyage sans adresser, au moins par écrit, puisqu'il lui était défendu de faire entendre sa voix en public, une parole d'adieu à tous ceux qu'il avait enfantés à Jésus-Christ, *à ses chers habitants de Montbernage, de Saint-Saturnin, de Saint-Simplicien et autres lieux*[1]. Il le fit dans les termes les plus paternels et les plus touchants, leur recommandant à tous *d'aimer ardemment Jésus, de l'aimer par Marie*, et de faire éclater partout leur dévotion envers la très sainte Vierge; de ne pas manquer *d'accomplir fidèlement leurs promesses de baptême*, de dire, tous les jours, *le chapelet* en public ou en particulier, et de *fréquenter les sacrements*, au moins tous les mois.

Après avoir ainsi donné cette satisfaction à la piété et à l'affection de son cœur, Montfort pria le frère Mathurin de l'attendre à Poitiers ou dans les environs, et il partit, le jour même, pour la capitale du monde chrétien.

Le carême de l'année 1706 venait de commencer.

« Le pieux pèlerin, dit Grandet, fit ce long et pénible voyage à pied, en jeûnant, sans argent, résolu de demander l'aumône durant tout le voyage, abandonné à la divine Providence, ne portant avec lui que la sainte Bible, son bréviaire, un crucifix, son rosaire,

---

[1] Ces centres paroissiaux n'existent plus à Poitiers; la Révolution, complétant l'œuvre des guerres de religion, les a fait disparaître. — Poitiers avait jadis jusqu'à *vingt-quatre paroisses* dont quelques-unes n'avaient pas plus de *cent paroissiens*. Les églises ou chapelles de ces paroisses minuscules ont été rasées ou sont devenues des chapelles de communautés, ou bien encore ont été affectées à des usages profanes. — Ce qui reste aujourd'hui de l'église *Saint-Simplicien*, dans le quartier qui porte encore le nom du saint martyr, est devenu une école dirigée par les *Filles de la Sagesse*.

une image de la sainte Vierge et un bâton à la main.

« Il n'est pas concevable combien il souffrit de peines, d'humiliations et de fatigues, pendant tout le voyage. Il fut cent fois rebuté par les curés et par les gens auxquels il demandait l'hospitalité. Souvent il fut obligé de coucher à leur porte, ou sous le vestibule des églises, parce qu'on le prenait pour un espion ou un prêtre vagabond, et, contre son ordinaire, il fut quelquefois contraint de prendre l'honoraire de ses messes pour pouvoir subsister.

« Il logea, quand il put, dans les hôpitaux ; enfin il fit un voyage d'apôtre. »

Allant à Rome, Montfort, le grand dévot à la très sainte Vierge, ne pouvait oublier le pèlerinage de Notre-Dame de Lorette : l'attrait de son amour filial et de sa piété l'y conduisit comme naturellement. Il y demeura quinze jours, et aurait volontiers élu domicile dans la *santa casa,* tant il s'y trouvait heureux et comme chez lui. N'était-il pas dans la maison de *sa Mère?*...

Un habitant de Lorette, frappé de sa sainteté, lui offrit, durant tout ce temps, le vivre et le couvert dans sa demeure ; mais il ne voyait guère son hôte que la nuit ; car, pendant le jour, Montfort habitait et conversait avec Jésus, Marie et Joseph, qu'il voyait et entendait dans la foi vive et le silencieux recueillement de son cœur. Notre pieux pèlerin s'arracha avec regret à ces lieux bénis pour reprendre le chemin de Rome.

« A deux lieues de la ville, continue Grandet, ayant aperçu le dôme de Saint-Pierre, il se prosterna contre terre, pleura à chaudes larmes, ôta ses souliers et fit le reste de la route pieds nus, faisant des réflexions sur la manière dont saint Pierre était entré dans cette grande ville, sans train, sans argent, sans amis, n'ayant qu'un bâton à la main, et, pour tout bien, que la pauvreté d'un Dieu crucifié.

« Il arriva enfin à Rome, bien fatigué et fort épuisé; et, après quelques jours de repos, il fit demander une audience au pape Clément XI par le P. Thommasi, théatin. »

Ce savant religieux, avec lequel il avait conféré plusieurs fois sur la pratique de sa *parfaite dévotion envers la très sainte Vierge,* et qui appréciait fort sa méthode d'évangélisation, fut alors pour lui un utile et bienveillant protecteur.

« Le Pape, dit Grandet, ayant fixé le jour de l'audience au 6 juin, M. Grignon demanda en quelle langue il fallait haranguer le Saint-Père, et ayant su que c'était pour l'ordinaire en latin, il fit un discours fort court, mais très éloquent, qu'il prononça en cette langue, après avoir été admis à baiser les pieds du pape.

« Clément XI le reçut avec beaucoup de bonté, et, après sa harangue, il lui dit qu'il pouvait lui parler en français, qu'il entendait assez pour y répondre. M. Grignon lui ayant proposé d'aller faire des missions en Orient pour convertir les infidèles, le Pape lui repartit : *Vous avez, Monsieur, un assez grand champ en France pour exercer votre zèle; n'allez point ailleurs, et travaillez toujours avec une parfaite soumission aux évêques dans les diocèses desquels vous serez appelé. Dieu, par ce moyen, donnera bénédiction à vos travaux* [1].

---

[1] Que le souverain Pontife, en parlant ainsi, ait eu en vue l'hérésie janséniste dont la France était alors infectée, et qu'il l'ait implicitement désignée aux attaques du vaillant missionnaire, cela ne fait aucun doute pour

« M. Grignon présenta ensuite un crucifix d'ivoire au Pape, suppliant Sa Sainteté d'y attacher une indulgence plénière pour tous ceux qui le baiseraient à l'heure de la mort, en prononçant les noms de Jésus et de Marie avec contrition de leurs péchés : ce qu'il lui accorda.

« Il se servait ordinairement de ce crucifix dans les missions pour exciter le peuple à la contrition, en leur montrant les plaies du Sauveur.

« Clément XI lui donna aussi le titre de *missionnaire apostolique,* et lui recommanda surtout de bien enseigner la doctrine chrétienne aux peuples et aux enfants, et de faire renouveler partout l'esprit de christianisme par le *renouvellement des promesses du baptême.* »

C'était la confirmation, par le Vicaire de Jésus-Christ lui-même, de sa méthode d'évangélisation, et Clément XI ne fit, en somme, que consacrer, encourager et bénir sa mission providentielle, telle que le Bienheureux l'avait commencée et poursuivie jusqu'à ce jour.

Fort de cette approbation et de ces encouragements, Montfort partit de Rome rassuré et satisfait, plus embrasé que jamais du feu de l'amour divin et rempli d'un nouveau zèle pour la conquête des âmes.

Jusque-là, il semble qu'il n'avait fait que des essais; il marchait dans sa voie, encore timide et hésitant; mais,

---

quiconque voudra réfléchir à tous les soucis que causait alors à la papauté cette hérésie subtile, hypocrite, impudente: aux condamnations dont elle fut l'objet de la part de Clément XI lui-même, notamment dans la bulle *Vineam Domini Sabaoth* et la célèbre constitution *Unigenitus,* dirigée contre Quesnel et son livre des *Réflexions morales* et, en général, contre tous les partisans du *silence respectueux.* Évidemment, c'est contre ces audacieux semeurs d'ivraie et de zizanie que le Père commun des fidèles envoya ce fidèle et infatigable ouvrier. La suite de son histoire nous montrera qu'il l'avait ainsi compris lui-même.

dans cette audience mémorable du 6 juin 1706, il reçut
de Pierre lui-même comme l'investiture de l'apostolat,
et la consécration de sa doctrine et de sa méthode.
Cette date marque donc une phase nouvelle et des plus
importantes de sa vie de missionnaire, que ses historiens n'ont peut-être pas assez remarquée.

Son retour se fit pendant les grandes chaleurs de
l'été; il fut pour lui plus pénible encore que l'aller.

Le 25 août, fête de saint Louis, son patron, le pieux
pèlerin arrivait à Ligugé, où il retrouva le frère Mathurin, qui l'attendait. Celui-ci le reconnut à peine, au
premier abord, tant il était changé, hâlé par les ardeurs
du soleil et affaibli par un voyage de près de cinq cents
lieues [1].

De Ligugé Montfort se rendit à Poitiers, dans l'intention de s'y reposer pendant quelques jours; mais il y
était à peine arrivé que l'évêque, averti de sa présence,
lui intima par son secrétaire l'ordre de quitter la ville
dans les vingt-quatre heures.

L'humble prêtre ne méritait pas une pareille réception; il obéit néanmoins sans mot dire, et se retira
immédiatement chez un prêtre de ses amis, à six lieues
de Poitiers; et là, dans une retraite de huit jours, con-
sulta Dieu sur la détermination qu'il devrait prendre.

---

[1] Ligugé, on le sait, est un lieu de pèlerinage à jamais célèbre par le
monastère que saint Martin s'y construisit au IVe siècle, et les miracles
qu'il y opéra. Montfort, arrivant de Rome avec la mission d'évangéliser la
Bretagne et le Poitou, voulut mettre son apostolat sous la protection de ce
grand apôtre de notre contrée, qui lui avait frayé la voie près de treize siècles
auparavant.

CHAPITRE X

(1706-1707)

Le saint Évangile nous représente les apôtres Jacques et Jean, fils de Zébédée, lavant et raccommodant de temps en temps les filets dont ils se servaient pour la pêche. Ainsi faisait Monfort en reposant et retrempant son corps et son âme dans le calme et le silence de la retraite. Cela fait, il regagnait de nouveau la haute mer, pour y jeter le filet de sa parole apostolique.

Désormais, ce sera bien, comme les pêcheurs de Galilée, sur le commandement exprès du Maître, parlant par la bouche de son Vicaire, de celui qui gouverne ici-bas la barque de l'Église, qu'il partira pour cette pêche vraiment miraculeuse des âmes qui ne finira qu'avec sa vie.

Mais auparavant, prévoyant sans doute les dangers et les difficultés qu'il lui faudra affronter, il voulut mettre cette seconde phase de son apostolat sous un double patronage : celui de la sainte Vierge, en faisant le pèlerinage de *Notre-Dame des Ardilliers,* et celui de l'archange Saint-Michel, en visitant son sanctuaire du *Mont-Saint-Michel au péril de la mer.*

Nous observerons, en passant, que notre Bienheureux affectionnait d'une manière toute particulière le sanctuaire de Notre-Dame des Ardilliers : il y fit, en effet, au moins six pèlerinages dans le cours de sa vie, ce qui donne à penser que sa *bonne Mère* du ciel le combla en ce lieu de faveurs toutes spéciales [1].

C'est dans son passage à Saumur qu'il vit Jeanne de la Noue, la fondatrice des *Filles de la Providence,* et la confirma dans ses résolutions, l'exhortant à ne rien changer du genre de vie austère et extraordinaire qu'elle avait embrassé : *Continuez, lui dit-il, comme vous avez commencé; c'est l'esprit de Dieu qui vous conduit et qui vous inspire les austérités que vous pratiquez. Tenez pour assuré que c'est là votre vocation et l'état où Dieu vous veut.* Cet oracle fit cesser les inquiétudes de la communauté, et la crainte où se trouvait elle-même la

[1] En 1700, 1701, 1702, 1706, 1713 et 1716. — Ce lieu de pèlerinage est desservi, aujourd'hui, par les missionnaires *Enfants de Marie immaculée,* de Chavagnes-en-Paillers. — Le sanctuaire de Notre-Dame des Ardilliers s'élève à l'extrémité de la ville de Saumur, en Anjou, et renferme encore la *Pieta* découverte fortuitement, en 1454, pendant que l'on travaillait au canal. Louis XIII y vint en pèlerinage; Henriette d'Angleterre y fit sa première communion; M. Olier y vint plusieurs fois se recommander à la très sainte Vierge... Le cardinal Richelieu a fait construire l'aile droite du sanctuaire, en *ex-voto,* pour remercier Notre-Dame de la guérison d'une maladie désespérée, en 1634. Enfin, Louis XIV éleva la belle et majestueuse coupole de l'entrée, en 1695, comme l'indique l'inscription dont elle est ornée.

pieuse supérieure d'être le jouet de quelque vaine illusion [1].

Des Ardilliers, le missionnaire pèlerin se dirigea vers le mont Saint-Michel. Chemin faisant, il rencontre un pauvre dont il fait son compagnon de route. Celui-ci était chargé ; il l'oblige à lui passer son fardeau, et le porte jusqu'au soir. Non content de cet acte de charité, il l'invite encore à le suivre à l'hôtellerie pour y passer la nuit, et, le lendemain, se charge de payer la dépense entière.

C'est en semant ainsi sur sa route des actes de bienfaisance corporelle et spirituelle, que Montfort arriva au *merveilleux* sanctuaire de l'Archange, la veille même de sa fête, le 28 septembre 1706.

Après avoir satisfait sa dévotion envers saint Michel, qu'il appelait *son défenseur*, il reprit le chemin de la Bretagne et vint directement à Rennes. Son père et sa mère habitaient encore cette ville, ainsi que son oncle maternel dont nous avons parlé, lequel était toujours prêtre-sacriste de l'église Saint-Sauveur. Cela étant, on pensera sans doute que, suivant un attrait naturel bien légitime, il va descendre chez ses parents et prendre gîte chez eux. Il n'en fit rien. Nous avons dit précédemment qu'il était mort au monde et à sa famille : il donna une preuve frappante de ce détachement en allant demander l'hospitalité à une pauvre femme qui, manquant elle-même du nécessaire, recevait pourtant de plus indigents qu'elle, et les nourrissait au prix le plus modique.

---

[1] Jeanne de la Noue mourut en odeur de sainteté, en 1736. On s'occupe activement, depuis quelques années, de la cause de sa béatification. On instruit, en ce moment, le procès relatif à ses *écrits*.

Ses premières visites furent pour les pauvres de l'hôpital.

Déjà, plusieurs jours s'étaient écoulés sans qu'il eût encore vu sa famille. Son oncle, informé de sa présence, étant venu le trouver à son logement, lui adressa quelques reproches à ce sujet. Le serviteur de Dieu s'excusa humblement, protestant qu'il gardait toujours dans son cœur les plus vifs sentiments de respect et d'affection pour ses parents, qu'il priait souvent pour eux ; mais que sa vocation demandait *qu'il s'occupât avant tout des affaires de Dieu son Père*. C'était la réponse même du Sauveur à la plainte amoureuse de Marie et de Joseph, quand ceux-ci le retrouvèrent dans le temple, après trois jours de pénibles recherches. L'oncle ne put s'empêcher d'admirer dans son neveu des sentiments si fort au-dessus de la nature.

Cependant Montfort accepta, une fois, d'aller s'asseoir à la table de sa famille. « Ce fut, dit Clorivière, une véritable image des *agapes* des premiers chrétiens. »

« Le missionnaire, en entrant dans la chambre, se mit à genoux et récita, selon sa coutume, la prière *Visita, quæsumus, Domine, habitationem istam*. Lorsque la table fut servie, il commença par faire la part des pauvres de ce qui s'y trouvait de meilleur. Pendant tout le repas, la conversation fut des plus édifiantes; il y parla de Dieu de la manière la plus touchante et la plus aisée. Mais après, on fit inutilement des instances pour le retenir ; il ne voulut jamais changer le pauvre logement qu'il avait pris à son arrivée. »

Pendant les quinze jours environ qu'il passa à Rennes, il prêcha dans un grand nombre d'églises, et toujours avec le plus grand succès. L'une de ses prédications les plus extraordinaires, qui décèle bien un homme de Dieu, est celle qu'il fit alors dans l'église des religieuses du Calvaire.

La réputation du saint missionnaire y avait attiré un très nombreux auditoire. Montfort, voyant l'église remplie, se recueille un instant; puis, s'adressant à cette multitude avide de l'entendre : *Vous êtes venus en foule, dit-il, pour m'entendre. Vous pensez, peut-être, mes très chers frères et mes très chères sœurs, entendre un grand prédicateur, un homme extraordinaire? Je ne prêcherai point; je vais seulement faire mon oraison, comme je pourrais la faire, si j'étais seul en ma chambre.* On plaça alors un fauteuil pour lui dans la nef. Puis, s'étant mis à genoux et répandant à haute voix les pieux sentiments de son cœur, en présence de Notre-Seigneur, il dit, sur les souffrances, des choses si belles et si touchantes, que tous les assistants se sentirent vivement embrasés de l'amour de Jésus crucifié. Son oraison finie, il récita tout haut le chapelet, puis, se rendant à la porte de l'église, le bonnet carré à la main, il y fit une quête pour la restauration de l'église paroissiale de Saint-Sauveur.

Peu de temps après, il quitta Rennes et se rendit dans son diocèse d'origine. Vers la fête de la Toussaint il arrivait *incognito* à Montfort, sa ville natale.

Son intention était d'aller demander l'hospitalité à sa vieille nourrice, dans le voisinage du prieuré de Saint-Lazare. Il envoya donc en avant le frère Mathurin la prier de vouloir bien recevoir un pauvre prêtre voyageur et son compagnon. La mère Andrée se trouvait absente; son gendre répondit en son nom qu'elle ne recevait pas des inconnus. Il était écrit que Montfort verrait, comme son divin Maître, se vérifier pour lui cette parole du saint Évangile : *Il vint parmi les siens, et les siens ne l'ont pas reçu* [1]. Ils frappèrent en effet successivement à deux autres portes en demandant un logement et un peu de paille pour passer la nuit ; même refus partout.

Montfort et son compagnon se voyaient dans la dure nécessité de coucher à la belle étoile, quand enfin un pauvre vieillard, nommé Belin, les accueillit avec bonté dans sa demeure : « Soyez les bienvenus, leur dit ce bon vieillard : je n'ai qu'un peu d'eau et de pain à vous donner pour votre souper, un peu de paille pour votre coucher. Si j'avais mieux, je vous l'offrirais de grand cœur ; mais enfin je partagerai volontiers avec vous le peu que je possède. »

Inutile d'ajouter que cette offre si charitable fut cordialement acceptée. Mais quelle ne fut pas la joie du vieillard, quand, après l'avoir bien considéré, il reconnut dans son hôte le fils de M. Grignon de la Bacheleraie.

Dès le lendemain, la nouvelle s'en répandit dans tout le village, et c'était à qui réparerait par plus d'obséquiosité la dureté avec laquelle on avait reçu le saint voyageur.

La mère Andrée accourait, l'une des premières, le suppliant de l'excuser, et de vouloir bien revenir dans sa maison. Il refusa. Cependant, pour ne pas trop la contrister, il accepta de prendre un repas chez elle, et en profita pour lui donner une leçon de charité chrétienne.

[1] Joan. i, 11.

Andrée, Andrée, lui dit-il au cours du repas, *vous avez bien soin de moi; mais vous n'êtes pas charitable !... Oubliez M. Montfort : il n'est rien; pensez à Jésus-Christ : il est tout ! C'est lui qu'il faut toujours considérer dans les pauvres* [1].

De là, Montfort se rendit à Dinan.

Ici se place un trait charmant que nous raconterons d'après Grandet.

A son arrrivée dans cette ville, Montfort était allé loger chez Messieurs de la Mission, que nous appelons aujourd'hui les Lazaristes. Un matin, il eut la dévotion d'aller dire la messe au couvent des *Jacobins* [2], où était alors religieux un de ses frères qui prenait soin de la sacristie. Sa piété le porta à célébrer les divins mystères à l'autel du bienheureux Alain de la Roche, en son temps l'un des plus grands zélateurs du rosaire.

En entrant dans la sacristie, il reconnut fort bien son frère sans en être lui-même reconnu. *Mon cher frère,* lui dit-il sans autre compliment, *je vous prie de me donner des ornements pour dire la sainte messe.*

Ce religieux, qui était prêtre depuis longtemps, trouva mauvais que l'étranger lui donnât le titre de *frère.* Pour le lui faire sentir, il lui offrit les plus

---

[1] La maison qu'habitait la mère Andrée était un bien patrimonial appartenant au père de notre Bienheureux; la nourrice de Montfort en était fermière. C'est ce qui explique sa désolation de lui avoir refusé l'hospitalité *dans sa propre maison.* — Cette maison, qui n'appartient plus aux héritiers de la famille Grignon, existe encore. Elle reçoit la visite d'un grand nombre de pèlerins, qui viennent y recueillir les bénédictions dont sont toujours favorisés les lieux sanctifiés par le passage des saints.

[2] C'est le nom sous lequel les *Frères Prêcheurs* ou *Dominicains* étaient connus jadis en France. Ce nom leur est venu, comme on sait, de la première maison de l'ordre en France, appelée *maison de Saint-Jacques,* et située, à Paris, dans la rue du même nom.

pauvres ornements de la sacristie et deux mauvais bouts de cierge pour sa messe.

La messe terminée, Montfort va le trouver de nouveau et lui dit : *Mon cher frère, je vous remercie de votre attention; demain je reviendrai dire la sainte messe; je vous prie de me donner les mêmes ornements.* C'en était trop pour la patience du religieux ; il ne put se contenir et se plaignit au frère Mathurin. « Votre maître, lui dit-il, est un mal élevé... Qu'il sache que je suis prêtre et que l'on m'appelle *père.* » Le frère Mathurin, à qui Montfort avait défendu de le nommer, l'excusa du mieux qu'il put.

Or, dans l'après-dîner du même jour, le religieux-sacriste ayant rencontré le bon frère, insista auprès de lui pour savoir le nom du prêtre auquel il avait servi la messe, le matin, dans leur église. « Ce prêtre, dit alors le frère Mathurin poussé à bout, il se nomme Grignon de Montfort. — Mais c'est mon frère! » repartit le dominicain.

Le lendemain, quand Montfort se présenta à la sacristie du couvent pour célébrer la messe, son frère lui sauta au cou et lui reprocha de ne s'être pas fait connaître. *De quoi vous plaignez-vous,* lui dit alors le serviteur de Dieu, *je vous ai appelé mon cher frère ; hé ! ne l'êtes-vous pas ?... Pouvais-je vous donner des marques plus tendres de mon amitié?* Le pauvre sacriste était confondu; il lui fit réparation d'honneur en lui donnant, cette fois, tous les plus beaux ornements et en prônant partout sa vertu.

« Une compagnie de missionnaires, dit Clorivière, donnait, en ce temps-là, une mission à Dinan. Montfort se joignit à eux et se chargea, par préférence, de faire le catéchisme, fonction dont il connaissait l'importance, et pour laquelle il se sentait le plus vif attrait, surtout depuis que le Saint-Père la lui avait spécialement recommandée.

« Là, comme partout ailleurs, il donna des preuves éclatantes de son tendre amour pour les pauvres.

« Un soir, en ayant rencontré un tout couvert d'ulcères, et dont personne n'osait approcher, il le prit sur ses épaules, le porta à la maison des missionnaires ; et, comme la porte se trouvait fermée, il se mit à crier *qu'on l'ouvrit à Jésus-Christ.* Chargé de son malade infect, il fut droit à sa chambre et le coucha dans son propre lit, après l'avoir réchauffé de son mieux. Quant à lui, il passa la nuit en prières... »

Cet acte de miséricorde corporelle n'est qu'un trait entre cent autres par lesquels se manifesta la charité du Bienheureux envers les pauvres. Il fit plus : il eut le bonheur de faire partager son zèle à quelques personnes pieuses de la contrée.

Parmi celles-ci l'histoire mentionne spécialement M. le comte de la Garaye et son épouse, qui, sur les exhortations du missionnaire, transformèrent leur château en hôpital et le remplirent de pauvres malheureux dont ils se firent les humbles et dévoués serviteurs pendant plus de trente ans. Par leurs soins, une maison de charité fut encore fondée, plus tard, à Dinan, avec un revenu suffisant pour l'entretien de quatre Filles de la Sagesse [1].

---

[1] Cette maison existe encore. Les sœurs de la Sagesse y conservent avec une pieuse reconnaissance les portraits des charitables époux qui, tous les deux, firent une mort de prédestinés, après s'être dévoués, corps et biens, au service des pauvres, jusqu'à la fin de leur vie.

Prédication du Bienheureux aux Bretons.

(D'après le tableau de Saint-Sulpice donné au grand séminaire de Luçon.)

Montfort donna aussi, dans le même temps, une mission aux soldats de la garnison et obtint les plus merveilleux résultats. Il sut si bien les gagner, qu'on les voyait fondre en larmes à ses sermons, et assiéger ensuite son confessionnal pour lui faire l'aveu de leurs fautes et réparer les désordres de leur vie.

Dans le diocèse de Saint-Malo, Saint-Suliac, Bécherel et plusieurs autres localités entendirent successivement sa parole apostolique.

C'est alors que M. Leuduger, supérieur des missionnaires de Saint-Brieuc, ayant eu connaissance du saint zèle dont il était animé, l'invita à venir partager ses travaux. Montfort accepta l'invitation, et, de février à la mi-septembre 1707, il travailla sous sa direction dans les diocèses de Saint-Malo et de Saint-Brieuc, à Beaulon, au Verger, à Merdrignac, à Plumieux, à La Chèze, à Saint-Brieuc et à Montcontour.

Il nous est impossible, sans élargir démesurément notre cadre, de suivre pas à pas le vaillant semeur de la parole de Dieu dans sa laborieuse carrière. Souvent, comme ici, nous serons forcés d'en indiquer seulement les nombreuses étapes.

La mission de La Chèze mérite cependant une mention spéciale, à cause de la restauration qu'il y fit d'une ancienne chapelle dédiée à la très sainte Vierge sous le vocable de *Notre-Dame de Pitié*[1].

Saint Vincent Ferrier, le grand apôtre de la Bretagne[2], prêchant un jour dans ce même lieu, avait

---

[1] La Chèze est une petite ville de l'ancien duché de Rohan, à deux lieues de Loudéac, dans le diocèse de Saint-Brieuc. — On conserve encore dans la chapelle de Notre-Dame la statue qu'y plaça Montfort.

[2] Mort à Vannes, en 1419.

exprimé le désir de cette restauration, et avait prédit *que cette entreprise était réservée par le Ciel à un homme que le Tout-Puissant ferait naître dans des temps reculés, homme qui viendrait en inconnu, serait beaucoup contrarié et bafoué, et qui cependant en viendrait à bout avec le secours de la grâce ;* Montfort était l'homme désigné par cette prédiction : il restaura, en effet, magnifiquement la chapelle de La Chèze, et depuis lors son souvenir s'allia, dans la mémoire des peuples, à celui de la pieuse Madone dont il remit le culte en honneur [1].

Le zélé missionnaire ne se contentait pas de prêcher, de catéchiser ; il se dépensait aussi avec une affection particulière au service des malades et des pauvres. Il en nourrissait jusqu'à deux cents chaque jour, et, dans ce but, multipliait miraculeusement les pains, comme cela est arrivé nombre de fois quand la quantité suffisante venait à lui manquer. Ce fait a été constaté à La Chèze par un document authentique.

Sa dernière mission dans le diocèse de Saint-Brieuc fut celle de Montcontour. Écoutons Clorivière nous rapporter, à son sujet, un trait digne d'être conservé.

« Le jour où il y arriva, dit-il, un dimanche, un grand nombre de jeunes gens et de jeunes filles dan-

---

[1] Le pèlerinage de *Notre-Dame de la Croix*, à la Chèze (c'est ainsi qu'on l'appelle aujourd'hui), a survécu à la Révolution. On voit encore dans l'église un *devant d'autel* très intéressant pour l'histoire, sur lequel est représenté et peint sur bois un groupe de personnages qui figuraient, auprès de la statue de Notre-Dame, à la grande procession d'inauguration. La sainte Vierge est revêtue d'un grand manteau qu'elle étend de ses deux bras pour y abriter ses serviteurs, les seigneurs du lieu, le duc et la duchesse de Rohan placés de chaque côté d'elle et revêtus de riches costumes fleurdelisés. On y remarque un prêtre en surplis, une religieuse, un moine, de pauvres mendiants, et enfin, le P. Montfort lui-même, à genoux, en surplis romain, à larges manches, et sans rabat, qui prie, les deux mains étendues vers la Madone.

saient au son des instruments sur la place publique. Quelle vue pour un homme aussi zélé pour la sanctification des jours consacrés au Seigneur et pour l'innocence et la pureté des mœurs ! Transporté d'une sainte colère, il perce la foule, arrache les instruments des mains de ceux qui jouaient, et se met à genoux au milieu de cette jeunesse folâtre, en s'écriant à haute voix : *Que ceux qui sont du parti de Dieu se jettent à terre pour apaiser sa colère et réparer l'outrage fait à sa divine majesté !* Plusieurs obéirent en demandant miséricorde ; quelques autres ne firent qu'en rire. Cependant le serviteur de Dieu leur parla d'un ton si ferme que les plus arrogants et les plus fiers furent obligés de fléchir les genoux, comme les autres, et d'avouer leur aveuglement ; car Montfort leur fit connaître le grand mal qu'il y avait de faire des danses publiques ; que c'était une des pompes de Satan auxquelles ils avaient renoncé à leur baptême, dont le malin esprit se servait pour tendre un piége à leur innocence et les faire tomber en enfer. »

On reconnaît bien là l'auteur du cantique *contre la danse* dont le premier couplet est si connu, et qui fut peut-être composé à cette occasion :

> Funeste danse,
> Qui séduis le cœur des humains,
> Quoique innocente en apparence,
> Tu fis toujours trembler les saints,
> Funeste danse !

Par cet acte de sainte énergie et les mesures que le maire, sur son invitation, s'engagea à prendre en vue de supprimer de pareils scandales à l'avenir, le P. Montfort réussit à faire disparaître de cette localité un abus contre lequel s'étaient élevés vainement les missionnaires qui l'y avaient précédé.

Autre trait à retenir de cette fructueuse mission de Montcontour.

Un jour, terminant une cérémonie, le missionnaire annonça que tous les assistants allaient être admis à baiser son crucifix indulgencié par le Souverain Pontife, à l'exception des personnes dont la parure était trop mondaine. Et, à leur grande surprise, il priva de cette faveur les demoiselles de l'hôpital, dont la mise était pourtant fort modeste, mais uniquement parce qu'il leur reprochait de ne pas assez corriger l'amour de la parure chez les jeunes pensionnaires confiées à leurs soins.

Montfort ne vit pas la fin de cette mission. M. Leuduger, qui se l'était associé six mois auparavant, lui donna subitement congé pour un motif assez frivole.

Le saint prêtre rentra alors dans son diocèse et regagna son pays natal.

L'année 1707 touchait à sa fin.

CHAPITRE XI

(1707-1708)

Montfort, cet apôtre des foules qu'il soulevait par son éloquence, était aussi un grand ami de la solitude et du silence.

A un kilomètre environ de la ville de Montfort, non loin de la forêt Brécilienne, à la sombre verdure, et sur une hauteur qui s'allonge en forme de promontoire, au-dessus de la profonde vallée de la Meu, se dressaient alors les ruines solitaires de l'ancien prieuré de Saint-Lazare. La nature de ce lieu, d'un aspect un peu sauvage et désolé, le rendait on ne peut plus favorable au recueillement et à la méditation. Tout y portait aux grandes et sérieuses pensées.

Montfort demanda et obtint la permission de s'y fixer. Ce fut son premier ermitage.

Il venait de s'adjoindre alors un second compagnon, le frère *Jean*, qui, à la suite du frère Mathurin, s'attacha à ses pas et devint pour lui un aide et un collaborateur dans ses missions apostoliques. A tous les trois, ils relevèrent de ses ruines l'antique chapelle du prieuré et la décorèrent de leur mieux. Le goût pieux et artistique de Montfort le servit à point dans la circonstance. Bientôt rien ne manqua à la décence de l'autel. Au-dessus, planait une grande et symbolique image du *Saint-Esprit,* sous la forme d'une colombe aux ailes argentées; un peu au-dessous, le saint nom de *Jésus* rayonnait en lettres d'or ; et, plus bas, trônait une belle statue de la *sainte Vierge* dont les pieds reposaient sur un croissant éclatant de blancheur et offrant aux regards l'illusion d'un pur reflet de neige. Montfort lui donna le nom de *Notre-Dame de la Sagesse*[1].

Au milieu de la chapelle, il fit placer un prie-Dieu auquel était attaché par une chaîne un immense *rosaire.* Ses grains, de la grosseur d'une noix, étaient suffisamment espacés pour que plusieurs personnes pussent s'en servir simultanément, en se suivant, comme pour l'exercice du chemin de la Croix.

Ce *rosaire* vénéré servit pendant tout le XVIIIe siècle aux pèlerins de *Notre-Dame de la Sagesse ;* il fut enlevé à l'époque de la Révolution par la piété des fidèles de la contrée, qui s'en partagèrent les précieuses perles, crai-

---

[1] La statue de *Notre-Dame de la Sagesse* a été conservée jusqu'à nos jours et se voit encore à l'hospice de la ville de Montfort tenu par les Filles de la Sagesse. Pas n'est besoin de dire qu'elle est de leur part l'objet d'une vénération doublement filiale.

gnant qu'il ne fût brisé et profané par le vandalisme connu des républicains d'alors.

Tel était l'ermitage de Saint-Lazare où Montfort aimait à se retirer, dans l'intervalle de ses missions, pour s'y livrer, sous les regards de Dieu seul, aux exercices de l'oraison et de la mortification la plus austère.

Vers la fin de l'année 1707, il en sortit pour aller prêcher une mission dans sa ville natale, dans cette église de Saint-Jean où il avait été régénéré dans les eaux du baptême. Notre-Seigneur ne voulut pas que la sentence prononcée, un jour, par lui, *que personne n'est prophète dans son propre pays*, se vérifiât dans cette rencontre. Le missionnaire montfortais obtint à Montfort même un magnifique succès.

Il lui arriva une fois, raconte un de ses collaborateurs, de monter en chaire et de s'y présenter sans dire un mot à l'auditoire. A sa place il fit prêcher le grand crucifix qu'il portait toujours avec lui dans ses missions. Après l'avoir placé en spectacle sur la chaire, il en descendit ; et, afin de rendre l'assistance plus attentive à la voix du divin prédicateur, il parcourut ses rangs avec un autre crucifix plus petit qu'il présentait à baiser à chacun, en disant ces simples mots : *Voilà votre Sauveur ; n'êtes-vous pas bien fâché de l'avoir offensé ?* La plupart lui répondaient par leurs larmes, montrant ainsi combien leurs cœurs étaient attendris et touchés par cette prédication extraordinaire. Chacun attendait avec impatience son tour de coller ses lèvres sur les pieds du crucifix ; tous s'avouaient coupables de la mort de leur Sauveur et lui faisaient publiquement amende honorable.

On a dit du P. Besson en chaire : « Cet homme-là,

c'est un crucifix qui parle[1] ! » Mais cette réflexion n'avait pas son application aussi juste et aussi vraie que dans la circonstance que nous venons de rapporter. Là, c'était vraiment le crucifix qui faisait le sermon.

L'érection d'un calvaire monumental devait perpétuer le souvenir de cette belle mission. Montfort avait fait sculpter, dans ce but, un magnifique christ par un statuaire de Saint-Brieuc. Tout autour du monticule, quatorze chapelles devaient rappeler les quatorze stations du chemin de la Croix. L'emplacement, au sommet de la *butte de la Motte*, était admirablement choisi ; le projet avait déjà reçu un commencement d'exécution, quand soudain défense fut faite par le duc de la Trémouille, seigneur de Montfort, de continuer les travaux. Le saint missionnaire obéit, bien entendu ; mais il fit, en cédant, une prédiction qui s'est réalisée de nos jours. *Quoi que vous fassiez, dit-il, ce lieu deviendra un lieu de prières.* Or c'est précisément en cet endroit qu'a été bâtie l'église actuelle de Montfort[2].

Quelques jours plus tard, une épreuve plus grande encore attendait le serviteur de Dieu. Elle lui vint des jansénistes, fort nombreux alors dans le diocèse de Saint-Malo. L'évêque, Mgr Desmarais, trompé par les mensonges de calomniateurs intrigants, retira au missionnaire tous les pouvoirs qu'il lui avait donnés. Cela eut lieu à Montfort même, où l'évêque se trouvait en

---

[1] *Vie du P. Besson, de l'ordre des Frères-Prêcheurs,* par Cartier, p. 156.

[2] Au sommet de la tour de cette église a été érigée récemment une statue colossale du B. Montfort, qui a été bénite solennellement par Mgr Gonindard, alors coadjuteur de Son Éminence le cardinal-archevêque de Rennes, le dimanche 9 octobre 1892. De cette place élevée, Montfort apparaît au loin comme le céleste protecteur de la petite cité qui lui a donné le jour.

visite, à la fin d'un repas présidé par Sa Grandeur. Un grand nombre d'ennemis du Bienheureux entouraient la table et se faisaient un malin plaisir d'être témoins de son humiliation.

Mandé par l'évêque, Montfort arrive et se tient, par respect, sur le seuil de la porte, à l'entrée de la salle, chapeau bas, dans l'attitude d'un criminel. Il reçoit ainsi les réprimandes et l'interdiction que lui fait le prélat, puis se retire sans présenter la moindre excuse ni la moindre défense. Le triomphe de la secte paraissait complet : elle était enfin parvenue à fermer la bouche à ce prêcheur importun qui la confondait en tous lieux par ses actes et ses discours. Mais son triomphe ne fut pas de longue durée.

Sur ces entrefaites, entre dans la salle le recteur de Bréal qui, ignorant ce qui venait de se passer, s'approche de l'évêque et le prie de lui accorder le missionnaire apostolique pour les exercices d'une mission qu'il désirait faire donner à sa paroisse. Le prélat, qui sans doute regrettait déjà la mesure sévère qu'on venait d'arracher à sa faiblesse quelques instants auparavant, s'empressa, contre toute attente, d'acquiescer à son désir, et rendit du même coup à Montfort tous ses pouvoirs.

On se figure aisément la déconvenue des sectaires à cette conclusion.

La mission de Bréal, commencée dans les premiers jours de l'année 1708, fut des plus fécondes en résultats. L'homme de Dieu y parut grandi par les humiliations et les persécutions qu'il venait de traverser ; nulle part sa parole ne sut mieux trouver le chemin des cœurs et y faire pénétrer les grâces de repentir et de conversion.

On signale surtout l'assiduité des soldats de la garnison, qu'il enrôla dans sa *confrérie des soldats de saint Michel,* et dont il fit de vaillants chrétiens.

Des faits intéressants marquèrent la mission de Bréal ; mais nous ne pouvons tout relater.

Cette mission terminée, Montfort se retira pendant quelque temps dans son *ermitage* de Saint-Lazare pour travailler à sa propre sanctification. Là, il s'appliquait effectivement à lui-même cette parole du grand Apôtre : « Je châtie mon corps et le réduis en servitude, de peur que, après avoir prêché aux autres les vérités du salut, je ne sois moi-même réprouvé[1]. » Sa vie, à Saint-Lazare, était une vie de pénitence et de mortifications continuelles. Les Filles de la Sagesse qui desservent l'hôpital de Montfort y conservent avec respect un fragment de rocher sur lequel leur saint fondateur, durant sa résidence à son ermitage, reposait parfois sa tête fatiguée par les veilles et les privations, et que pour cela on appelle encore l'*oreiller du P. Montfort*[2].

Au mois d'août 1708, l'infatigable missionnaire prêchait la mission de Romillé ; ce fut la dernière qu'il donna dans le diocèse de Saint-Malo. Les jansénistes, qui le poursuivaient d'une haine implacable, n'avaient pas vu sans un secret dépit échouer leurs plans de vengeance, à la suite de l'incident que nous avons raconté plus haut. Cette fois, ils y mirent tant d'astuce et d'artifice que l'évêque de Saint-Malo leur donna raison et fit défendre au missionnaire de prêcher ailleurs

---

[1] 1 *Cor.* IX, 27.

[2] On donne ce nom également à une petite pierre qui se voit au château de la Grange, tout près de la Chéze, dans une chambre que l'on dit avoir été habitée par le Bienheureux.

que dans les églises de paroisses, sans même excepter sa chapelle de Saint-Lazare.

Cette entrave mise à la liberté de son ministère était pour Montfort l'équivalent d'un congé. C'est ainsi, du moins, qu'il l'interpréta. En conséquence, il résolut de quitter son diocèse d'origine pour aller porter ailleurs le bienfait de sa parole apostolique.

Mais auparavant il voulut donner une gardienne à l'image de *Notre-Dame de la Sagesse,* dans son cher ermitage de Saint-Lazare. Son choix fut vraiment providentiel.

A la suite d'une retraite qu'il avait prêchée aux jeunes filles, dans l'église de sa paroisse, le saint missionnaire désigna lui-même, pour cet office, une pieuse personne appelée Guillemette Rouxel, qu'il ne connaissait pas, et qui elle-même ne lui avait jamais parlé. Cependant, ce qui prouve bien que Montfort agissait en cela, d'après une intuition surnaturelle cette sainte fille se sentit aussitôt fortement inspirée de se mettre entièrement à sa disposition. A partir de ce jour, elle prit donc son logement dans une petite chambre près de la porte du sanctuaire, et y vécut d'aumônes jusqu'à l'âge de soixante-dix-huit ans [1].

Montfort quitta Saint-Lazare vers la fin de l'année 1708.

La Providence se servit d'un vicaire général de Mgr l'évêque de Nantes, M. Barrin, qu'il avait connu jadis au temps de ses études, pour le rappeler dans ce

---

[1] Guillemette Rouxel fut remplacée, à Saint-Lazare, par trois *religieuses de la Providence* de Saumur, qui y desservirent en même temps l'hospice fondé et doté par M. Huchet de la Bédoyère. La Révolution les en chassa et la propriété fut vendue nationalement. Actuellement, l'ermitage de Saint-Lazare est la propriété des *Missionnaires de Rennes.*

beau diocèse où il avait débuté dans la carrière apostolique, sept ans auparavant.

C'est là que nous allons le voir de nouveau à l'œuvre, entraînant les peuples à sa suite par la puissance de sa parole. Mais, encore là, l'ennemi du genre humain lui opposera des jansénistes haineux qui ne lui pardonnaient pas d'avoir refusé jadis de travailler dans une société de leurs amis, et de demeurer inviolablement attaché à leurs plus grands antagonistes, les Jésuites, ses anciens maîtres et ses directeurs habituels.

Il arriva à Nantes à pied, accompagné de ses deux coadjuteurs, les frères Mathurin et Jean, et précédé de la grande renommée que lui avaient faite dans cette ville les succès prodigieux de ses travaux apostoliques.

CHAPITRE XII

(1708-1711)

M. Barrin, en appelant Montfort dans le diocèse de Nantes, lui avait ménagé, pour son arrivée, une grande mission dans l'un des faubourgs de la ville, à Saint-Similien. On lui donna pour aide le célèbre P. Joubert, de la Compagnie de Jésus. Mais celui-ci, malgré ses talents incontestés, fut bien vite éclipsé par l'humble prêtre, sur qui se portèrent, comme d'instinct, toutes les faveurs de la foule.

Des prêtres éminents, se défiant de cette vogue populaire dont jouissait le missionnaire, ne voulurent pas s'en rapporter à ce jugement; ils vinrent l'entendre à Saint-Similien, afin de se rendre compte par eux-mêmes de l'éloquence du prédicateur. D'après le témoignage de l'un d'eux, le P. Martinet, jésuite, ils eurent beau

se mettre en garde contre les surprises de l'émotion ;
« vint un moment, dit celui-ci, où tout le monde, sans
exception, pleurait, ecclésiastiques et autres qui ne sont
pas, pour l'ordinaire, si aisés à émouvoir, et dont on doit
compter les larmes pour quelque chose. » Ils pensaient
n'entendre qu'un orateur habile ; ils avaient entendu
un saint... Toute l'explication est là.

Donc, la parole conquérante de Montfort opérait à
Saint-Similien des prodiges de conversion ; mais, en
ravissant à l'ennemi du salut sa proie et ses victimes,
elle redoublait en même temps sa rage et celle de ses
suppôts, les impies et les libertins.

Un soir, quelques-uns de ces misérables résolurent
de le tuer ; ils se jetèrent sur lui et l'auraient assommé,
si le peuple, qui l'aimait, ne l'eût retiré de leurs mains.
Mes chers enfants, disait-il à ses défenseurs qui voulaient
en même temps se faire ses vengeurs, *laissez-les aller
en paix ; ils sont plus à plaindre que vous et moi !*

Pareille aventure lui arriva, une autre fois, sur le
cours Saint-Pierre. Voulant apaiser une rixe entre soldats et ouvriers, il brisa une table de jeux, source de
leur discorde, et faillit, pour ce fait, être conduit par
eux en prison, parce qu'il refusait de payer le dommage. Montfort s'en réjouissait, quand la populace,
attroupée par le bruit de l'incident, vint encore le
remettre en liberté.

De cette mission nous rapporterons encore un fait
vraiment extraordinaire dont nous empruntons le récit
à M. de Clorivière.

« Mlle Guihanenc, fille d'une admirable candeur, qui
était supérieure de l'hôpital Saint-Jean, à Guérande,
en 1706, vint pour entendre M. Montfort à Saint-Simi-

lien. Comme elle n'avait pris aucune provision, elle se trouva, dans l'après-midi, prête à tomber en faiblesse. Cependant elle ne témoigna son besoin à personne; et, dans l'intervalle d'un exercice, elle s'assit sur une pierre hors de l'église. Alors une femme modestement vêtue et d'un aspect tout à fait vénérable vint à elle, et lui présentant un morceau de pain, lui dit : *Prenez, ma fille, et mangez ce pain.* A l'instant même, cette femme disparut, et la demoiselle a assuré que jamais elle n'avait goûté de pain si délicieux. »

Qu'était cette femme? Nous pensons, avec la plupart des historiens, qu'elle n'était autre que la sainte Vierge elle-même, qui voulut ainsi récompenser le zèle de cette sainte fille à se nourrir de la parole de Dieu.

La mission de Saint-Similien fut suivie de celle de Vallet.

Vallet est une paroisse importante située à cinq lieues environ au sud-est de Nantes, et renommée pour la qualité de ses vignobles. Montfort y arriva, selon toute probabilité, dans le temps des vendanges. Or les vignerons, plus soucieux des choses du temps que de celles de l'éternité, démarraient difficilement pour venir à l'église. Afin de vaincre leur résistance, l'ingénieux missionnaire, prenant exemple de l'Évangile, envoie le frère Mathurin battre la campagne, une clochette à la main, et les inviter à venir par le chant de ce refrain composé pour la circonstance, que le bon frère allait jetant à tous les échos de la contrée :

> Alerte! alerte! alerte!
> La mission est ouverte :
> Venez-y tous, mes bons amis,
> Venez gagner le paradis!

Cet appel si pressant fut entendu. Un seul homme, pécheur endurci, résista, et en fut puni par le Ciel d'une manière terrible : un coup de foudre l'étendit raide mort dans sa maison, le dernier jour des saints exercices, au moment même où Montfort excitait le peuple à la contrition. Cette punition exemplaire ne contribua pas peu, on le pense bien, à assurer le succès de la mission.

Pour en perpétuer les fruits, Montfort, selon son habitude, institua à Vallet sa chère dévotion du rosaire. Mais les habitants se relâchèrent bientôt de cette pieuse pratique, et finirent même par l'abandonner tout à fait. Le saint prêtre en conçut un vif déplaisir. Aussi, quelques années plus tard, se rendant de Roussay à Nantes, il évita de passer par Vallet, bien que ce fût son chemin et qu'on l'en priât instamment : *Non, non,* répondit-il froidement, *je ne passerai point par Vallet : ils ont quitté mon rosaire !*

La réprimande porta coup; le rosaire fut aussitôt rétabli, et la pratique s'en est conservée depuis jusqu'à nos jours[1].

De Vallet Montfort alla donner une mission à Lan-

[1] Qu'on nous permette de citer encore un fait extraordinaire de cette mission de Vallet, lequel semble prouver que le Bienheureux lisait parfois au fond des consciences. « Une femme s'étant confessée de ses péchés, à l'exception de trois qui lui coûtaient beaucoup à déclarer, le P. Montfort lui donna à laver un mouchoir blanc qui avait trois taches, en lui recommandant de bien faire son possible pour les enlever, et de lui rapporter le même mouchoir quand elle reviendrait à confesse. Cette pauvre femme eut beau faire, elle ne put enlever les taches. Revenue à confesse, elle comprit que le saint missionnaire avait voulu lui faire entendre, par ce prodige, que ces taches étaient la figure des trois péchés qu'elle croyait lui cacher : elle en fit l'aveu sincère. Alors le confesseur lui dit d'aller de nouveau laver le mouchoir et de le lui rapporter. Elle le fit, et les mystérieuses taches disparurent, cette fois, complètement. »

demont, en Anjou. Nous le retrouvons ensuite à la Chevrollière, diocèse de Nantes, non loin de Saint-Philbert-de-Grand-Lieu.

La mission avait été imposée à la paroisse par M. Barrin, vicaire général de Mᵍʳ de Beauveau, malgré l'opposition et la résistance du curé. On devine, par suite, dans quelle situation gênante et difficile se trouva Montfort, ayant contre lui le curé du lieu et son vicaire, qui eurent recours à tous les moyens, invectives publiques, insultes, calomnies, pour l'empêcher de réussir. Pour comble de malheur, le missionnaire tomba gravement malade, une quinzaine de jours après l'ouverture. Il n'en continua pas moins son œuvre avec un zèle que la souffrance ne put atteindre, ni ralentir un instant, et la mission réussit à merveille. Le jour de la clôture, il demanda que l'on portât, pieds nus, malgré la rigueur de la saison, la croix qui allait être plantée en souvenir. Lui-même donna l'exemple en se déchaussant tout le premier. Or, chose remarquable, cet acte de pénitence, qui fut pour plusieurs une cause de maladie, le délivra comme miraculeusement de celle dont il avait souffert jusque-là.

Ses adieux au curé de la Chevrollière méritent d'être relatés.

« Avant de sortir de la paroisse, raconte M. des Bastières, M. Montfort me mena avec lui voir le curé, pour lui dire adieu. Il lui parla avec tant de douceur et de charité que j'en fus charmé; car il lui demanda mille pardons pour les prétendus sujets de chagrin qu'il lui avait pu causer. *Je vous assure, Monsieur,* lui dit-il en l'embrassant tendrement, *que je prierai, toute ma vie, le Seigneur pour vous; je vous ai trop d'obli-*

gation pour jamais vous oublier; je m'estimerais trop heureux si je pouvais trouver quelque occasion de vous rendre service.

Autant la mission de la Chevrollière avait été traversée par les difficultés, les croix et les contradictions, autant celle de Vertou, que Montfort fut appelé à prêcher ensuite, lui apporta de douceurs, de joies et de consolations. Tout allait à souhait. C'en était au point que Montfort s'y trouvait mal à l'aise et paraissait triste. Comme M. des Bastières lui en témoignait son étonnement : *Mon cher ami,* répliqua-t-il, *c'est que nous sommes très mal ici; notre mission sera sans fruit, parce qu'elle n'est pas fondée ni appuyée sur la croix.* POINT DE CROIX, QUELLE CROIX!... *J'ai dessein de finir cette mission dès demain; que vous en semble? Ne serions-nous pas mieux dans une autre paroisse à porter la croix de Jésus-Christ, notre cher Maître ?...*

Il acheva néanmoins les exercices, qui durèrent un mois, et furent féconds en grâces de repentir et de salut.

Un événement remarquable de cette mission fut la guérison subite du frère *Pierre,* récemment attaché au saint prêtre. Le pauvre frère se trouvait dans un état désespéré, tellement que M. des Bastières insistait pour qu'on lui donnât l'Extrême-Onction. « *Pierre, où est votre mal ?* lui dit Montfort. — Par tout le corps. — *Donnez-moi votre main.* — Je ne le puis. — *Tournez-vous de mon côté.* — Cela m'est impossible. — *Avez-vous de la foi?* — Hélas! mon cher père, je voudrais bien en avoir plus que je n'en ai. — *Voulez-vous m'obéir?* — De tout mon cœur. » Montfort lui mettant alors la main sur la tête ajouta : *Je vous commande de vous lever, dans une heure d'ici, et de venir nous servir à table.*

Ceci se passait à dix heures et demie. A onze heures et demie, le frère Pierre était debout, prêt à servir à table les missionnaires; et à M. des Bastières, qui lui demandait comment il se portait, il répondait en riant que le Seigneur l'avait guéri.

N'est-ce pas là une vraie scène évangélique? et ne se croirait-on pas en face de Notre-Seigneur guérissant les malades, notamment la belle-mère de saint Pierre atteinte d'une grosse fièvre, et dont l'évangéliste saint Luc raconte que, *sur le commandement du Maître, elle se leva aussitôt et les servait à table*[1].

Vers le mois de décembre 1708, Montfort évangélisa la paroisse de Saint-Fiacre, à trois lieues de Nantes, et de là se rendit dans cette ville, où il passa plusieurs semaines, prêchant des retraites, se livrant à toutes sortes de bonnes œuvres. Une maison lui avait été donnée par une pieuse dame, pour lui et ses coadjuteurs. Il la nomma *la Providence*, et s'y fit une petite chapelle où il célébrait ordinairement la sainte Messe et faisait réciter le rosaire.

C'est là que le surprit le *grand hiver* de 1709.

Après une température relativement douce, cet hiver, l'un des plus rigoureux dont l'histoire ait gardé le souvenir, commença brusquement le 5 janvier. « Le froid, dit Saint-Simon, atteignit le degré où il descend à l'extrémité de la Suède. Toutes les rivières étaient prises, et les côtes mêmes de la mer bordées de glace[2]. » Mais

---

[1] « Et continuo surgens, ministrabat illis. » (*Luc*, IV, 39.)
[2] *Mémoires.*

ce froid excessif ne put rien contre le zèle ardent de l'homme de Dieu.

Dès le 13 février, date du commencement du carême, cette année-là, il ouvrit une mission à Cambon, à deux lieues de Pontchâteau, mission où il répara, à la fois, et l'église matérielle et l'église spirituelle de la paroisse, toutes deux dans le plus triste état. C'est à cette occasion qu'il composa, croit-on, son cantique si connu :

Soupirons, gémissons, pleurons amèrement,

et ce cantique, au dire des historiens, ne serait pas autre chose qu'une page d'histoire vraie, se rapportant à ce qui se passait alors à Cambon, à Crossac et autres lieux.

Nous avons nommé Crossac : il y fit, en effet, la même chose qu'à Cambon. La paroisse était sans pasteur; par suite, le troupeau vivait dans le désordre; l'église était délabrée, malpropre et délaissée. Dans la mission qu'il y donna, les abus furent réprimés, l'église restaurée, ornée d'une manière décente, et le peuple en rapprit le chemin.

Par ces missions et d'autres encore, dont furent favorisées plusieurs paroisses des environs de Pontchâteau, le saint missionnaire semblait préluder au grand ouvrage qu'il devait entreprendre dans cette dernière paroisse; il préparait et sanctifiait ces populations qu'il allait bientôt appeler à son aide, pour la réalisation de ses gigantesques et magnifiques projets [1].

Vers la fin de juillet 1709, commença la mission de

---

[1] C'est dans cet intervalle qu'il prêcha aussi les missions de Besné, la Boissière du Doré, la Remaudière, Saint-Sauveur.

Pontchâteau, demeurée célèbre entre toutes par l'érection du calvaire monumental dont Montfort dota cette paroisse. L'histoire de ce calvaire est trop merveilleuse et trop intéressante pour n'être pas racontée avec quelques détails[1].

A une heure de marche environ de Pontchâteau, en suivant la route de Guérande, on arrive à une petite éminence occupant le point de jonction de *la lande et de la forêt de la Madeleine*. C'est là que Montfort résolut d'élever le grand calvaire qu'il avait antérieurement projeté pour son pays natal. Le site était admirablement choisi. Tout autour, pour emprunter le langage de Fénelon, se déroule un paysage admirable, qu'on dirait fait exprès pour le plaisir des yeux. Là-bas, en face, est Saint-Nazaire, et ce ruban argenté, c'est le fleuve de la Loire qui s'élargit et coule plus lent et plus majestueux, à mesure qu'il approche de son embouchure. A droite, au-dessus de ces marais inondés, Guérande, avec ses vieilles fortifications et sa belle église restaurée. Plus à droite encore, au-dessus de la forêt de la Madeleine et du domaine seigneurial de la Bretesche, les hauteurs rocailleuses de Saint-Gildas. Qu'il suffise d'ajouter que dans le périmètre de ce vaste horizon circulaire on découvre, du sommet du calvaire, jusqu'à trente-deux clochers de paroisses toutes cependant très étendues.

---

[1] Cette histoire a été délicatement et fidèlement écrite par le R. P. Grolleau, de la Compagnie de Marie, en résidence à Pontchâteau, et publiée en un petit fascicule de 93 pages, en 1891, chez Bourgeois, imprimeur à Nantes. Nous n'avons cru mieux faire que de résumer ici son travail et de nous approprier même, parfois, quelques-unes de ses expressions. — *Cet opuscule se vend au calvaire de Pontchâteau, au profit de l'œuvre du pèlerinage.*

Certes, c'était bien la place de la croix !

Pourtant Montfort ne fit pas le choix de cet empla-cement sans quelque hésitation, et ce ne fut point sur la lande de la Madeleine qu'il réunit d'abord ses premiers travailleurs, mais près de Sainte-Reine. Un prodige, dont la tradition a conservé le souvenir, le décida enfin pour ce dernier endroit.

Les ouvriers qu'il avait mis en œuvre, dit cette tradition, remarquèrent deux blanches colombes qui, après avoir rempli leur bec de la terre qu'ils avaient remuée, s'envolaient à tire d'aile. Les deux oiseaux reparurent bientôt, becquetèrent de nouveau la terre, pour s'envoler encore dans la même direction. Et cela cinq fois, dix fois, quinze fois de suite. On les suivit jusque sur le point le plus élevé de la lande, sur la lisière du bois, où ils s'arrêtaient, et là, pour employer l'expression des pieux travailleurs, on trouva toute *une ruchée* de terre fraîchement déposée par eux sur la lande desséchée.

A la vue de ce prodige, Montfort n'hésita plus. Dès le jour même, on commença les travaux à l'endroit indiqué par le Ciel d'une manière si évidente. Quant aux deux colombes, elles avaient été comprises, et dès lors leur mission était remplie. Elles s'envolèrent pour ne plus reparaître.

L'idée du saint missionnaire était de transporter, pour ainsi dire, en cet endroit le calvaire du Golgotha, que détenaient les mahométans, de rapprocher Jérusalem, d'avoir Jérusalem en France, afin que les peuples chrétiens y vinssent en toute liberté rendre leurs hommages et leurs adorations à la croix et au tombeau du Sauveur.

Dessein grandiose et bien digne de son auteur.

Il s'en explique, d'ailleurs, en termes exprès dans ce cantique qu'il faisait chanter à ses équipes d'ouvriers :

> Hélas ! le Turc retient le saint Calvaire
> Où Jésus-Christ est mort !
> Il faut, chrétiens, chez nous-mêmes le faire ;
> Faisons un calvaire ici,
> Faisons un calvaire !

La lande de la Madeleine est faite en forme de dos de champignon, c'est-à-dire que le milieu est élevé et que, tout autour, le terrain va s'inclinant par une pente douce. Il s'agissait d'élever une colline artificielle sur ce mamelon naturel. Quand Montfort en eut tracé le plan circulaire, et eut donné le premier coup de bêche, il fut suivi par une foule de travailleurs qui se mirent à l'œuvre avec une ardeur incroyable.

On se racontait alors que trente-six ans auparavant, l'année même qui vit naître le grand missionnaire, plusieurs personnes avaient vu, dans ce même lieu, des croix lumineuses qui descendaient du ciel environnées d'étendards, qu'un bruit formidable s'était fait entendre dans l'air, au même moment, et que les troupeaux affolés de peur s'enfuyaient vers leurs étables ; puis qu'enfin des chants harmonieux avaient succédé au bruit terrifiant. Les témoins du prodige étaient là nombreux encore, et leur récit stimulait le zèle des ouvriers.

Il était facile à chacun d'en faire l'application à l'heure présente.

Ces croix lumineuses environnées d'étendards et descendant du ciel, c'était le triomphe de Jésus crucifié dans ces lieux bénis, annoncé et voulu par Dieu lui-même. Les troupeaux s'enfuyant, au bruit terrible qui accompagnait l'apparition, ce sont les démons qui s'éloignent de l'enceinte où doit s'élever la sainte montagne, et où l'on n'entendra plus désormais que la douce mélodie de la prière et des chants pieux.

Et qu'on ne s'étonne pas de rencontrer le merveilleux dans l'histoire de ce calvaire. Il y est partout. Et la première, la plus grande des merveilles, n'est-ce pas l'entreprise elle-même et l'élan de ces foules qui, à la voix d'un seul homme, se succèdent continuellement dans ce désert, pendant les *quinze mois* que durèrent les travaux. Les travailleurs arrivent, tous les jours, par centaines. On a compté jusqu'à cent bœufs attelés en même temps sur la lande, pour traîner les plus lourds fardeaux. Hommes, femmes, enfants, prêtres, gentilshommes, grandes dames, rivalisent de zèle et travaillent avec un entrain sans pareil. Tous les ouvriers apportent avec eux leur nourriture et leurs outils. Ils viennent, non seulement de dix, vingt lieues à la ronde, mais des provinces les plus éloignées, des Flandres et de l'Espagne[1]. Dans ce vaste chantier, point de paroles inutiles; le silence n'est guère interrompu que par la récitation du rosaire et le chant des cantiques.

Cependant Montfort, l'âme de cette entreprise, ne peut être continuellement avec les travailleurs. Quand, en effet, la mission de Pontchâteau fut terminée, il ne voulut pas interrompre le cours de ses travaux apostoliques pour l'œuvre de son calvaire, si belle qu'elle fût. Missillac, Herbignac, Camoël, Assérac, Saint-Donatien

---

[1] « Je me suis laissé dire que *plus de vingt mille hommes* avaient travaillé à ce calvaire. » (*Récit de M. Blain.*)

de Nantes et Bouguenais, entendirent tour à tour sa parole évangélique. Seulement, toutes les fois qu'il le pouvait, il accourait visiter les travailleurs et s'unir à eux. Une seule de ses paroles d'encouragement était pour ces bonnes gens un précieux salaire. Ils s'estimaient aussi bien récompensés des fatigues de la journée, lorsque, le soir, à la lueur d'une lampe, il leur était donné de voir, dans une grotte pratiquée à cet effet, les différentes statues dont le calvaire devait être orné.

Enfin, au mois de septembre 1710, à force de temps, de bras et de courage, l'ouvrage fut à peu près achevé, autant que le désirait Montfort.

La sainte montagne, entourée de larges fossés, s'élevait à *vingt mètres* au-dessus du sol, et se terminait par une plate-forme, au centre de laquelle se dressaient trois croix : au milieu, celle de Notre-Seigneur, haute de cinquante pieds et peinte en *rouge;* à droite, celle du bon larron, de couleur *verte*, et à gauche, celle du mauvais larron, de couleur *noire.*

Sur la principale croix on voyait le beau christ que le saint missionnaire avait fait sculpter à Saint-Brieuc; au pied, les statues de Notre-Dame de Pitié, de saint Jean l'Évangéliste, et de sainte Madeleine. Les deux autres croix portaient aussi des représentations très expressives du bon et du mauvais larron. Au-dessous, était une petite chapelle figurant peut-être le tombeau du Christ, à laquelle quinze degrés de bois, par où l'on atteignait le pied de la croix, servaient de couverture.

Mais où Montfort avait surtout déployé les ressources de son génie à la fois pieux et savant, c'est dans l'ornementation du colossal piédestal, c'est-à-dire de la montagne elle-même. Qu'on en juge plutôt par la rapide description qui suit :

D'un côté de l'entrée de la plate-forme dont nous avons parlé, il avait fait placer la figure symbolique du serpent d'airain dont la vue guérissait autrefois les Israélites de la morsure des serpents, et, de l'autre, un *ecce homo*. A droite et à gauche de la première entrée du calvaire, s'ouvraient deux petits jardins de quinze pieds carrés : l'un représentait le jardin de délices où le premier homme pécha; l'autre, le jardin de l'agonie où le nouvel Adam expia le péché par des larmes de sang. Le grand prêcheur du rosaire ne pouvait oublier cette dévotion chère à son cœur en décorant son calvaire. Il n'en eut garde. Aux quinze piliers qui surmontaient le mur de clôture de la plate-forme supérieure était attaché un immense rosaire, aux grains énormes, dont chaque dizaine s'inclinait en festons gracieux, le tout formant couronne autour des trois croix. Puis, sur le bord du sentier qui conduit en spirales à la plate-forme, il avait ménagé la place de *quinze petites chapelles,* où devaient être représentés les mystères du rosaire, chacune d'elles accompagnée d'un petit parterre planté de rosiers de diverses couleurs. Trois de ces chapelles étaient déjà construites. Enfin, sur le bord de la terrasse inférieure, il fit planter *cent cinquante* sapins et, de distance en distance, *quinze* cyprès, qui marquaient les dizaines de ce rosaire verdoyant.

De toutes parts on accourait pour admirer cet ouvrage merveilleux, auquel les richesses d'un prince eussent à peine suffi, et que la piété seule avait entrepris et conduit au point où il était. De douze lieues aux alentours, on apercevait ce beau calvaire, et c'était

Calvaire de Pontchâteau.

pour tout le pays un juste sujet d'orgueil. Montfort en avait fixé la bénédiction solennelle au 14 septembre, fête de l'*Exaltation de la sainte Croix*. L'évêque de Nantes l'avait autorisé à la faire lui-même, et le saint missionnaire n'avait rien négligé pour donner à cette manifestation un éclat incomparable. Quatre prédicateurs, désignés d'avance, devaient se faire entendre des quatre côtés de la montagne. Son amour pour Jésus crucifié lui avait inspiré pour la circonstance l'un des plus beaux cantiques que nous devions à sa muse si pieuse et si féconde :

> Chers amis, tressaillons d'allégresse,
> Nous avons le calvaire chez nous :
> Courons-y, la charité nous presse ;
> Allons voir Jésus-Christ mort pour tous !

Déjà l'annonce de la fête a causé un ébranlement prodigieux. Ce n'est pas seulement des extrémités du diocèse de Nantes, mais des diocèses de Vannes, de Rennes, de Saint-Brieuc, où Montfort a passé, qu'on se met en marche pour y assister. Détail touchant : le vieux père du saint missionnaire, émerveillé de tout ce qu'il entend dire, est accouru lui-même de Rennes avec toute sa famille ; il veut être à cette fête, qu'il regarde comme un triomphe pour son fils.

On était à la veille de la bénédiction solennelle, et, au milieu d'une foule toujours grandissante, Montfort donnait ses dernières instructions à ses aides pour que tout se passât dans un ordre parfait, le lendemain, quand, sur les quatre heures du soir, un messager de l'évêché de Nantes lui apporte la défense de procéder à la bénédiction du calvaire.

Grande est l'émotion de la foule à cette nouvelle. Montfort seul paraît calme, et, sans plus tarder, se met en route pour Nantes, dans l'espoir de faire lever la défense. Vaine démarche, inutiles instances. L'évêque, comme à regret, demeure inflexible. Évidemment la défense venait de plus haut. Les jansénistes, ses ennemis, rendus de plus en plus furieux par ses succès étonnants, avaient intrigué contre lui auprès de la cour; leur rapport avait transformé son calvaire en citadelle, avec douves et pont-levis, devant servir de repaire aux brigands. Et, sur ce rapport, la destruction du monument avait été décidée en conseil royal. L'évêque de Nantes envoya bien des observations pour éclairer le conseil et le faire changer d'avis; mais il fallait bien attendre la réponse.

Malgré toute sa diligence, Montfort ne reparut au calvaire que le 15, au matin. La foule y était encore nombreuse; on lui apprit que, la veille, tout s'était passé comme il l'avait réglé, moins la bénédiction. Il ranime alors les courages abattus, et fait promettre à ses travailleurs de ne pas abandonner l'ouvrage commencé. Pour lui, il va, en attendant, donner la mission à Saint-Molf, à quelques lieues seulement du calvaire.

Mais il n'avait pas compté avec la haine toujours grandissante des jansénistes nantais que ce premier succès avait enhardis. A force de déclamations calomnieuses, ils ont bientôt fait de le perdre dans l'esprit de l'évêque, auquel ils arrachent même une sentence d'interdit contre lui.

Obligé par ce coup inattendu de suspendre les exercices de la mission de Saint-Molf, Montfort revint à Nantes, et alla faire une retraite de quinze jours chez les Pères Jésuites, ses amis de tous les temps, mais principalement des temps de tribulations. Il y savoura les douceurs de la croix, et c'est au sortir de cette retraite, qu'il forma, sous le nom d'*Amis de la croix,* une pieuse association à laquelle il adressa plus tard une *lettre* magnifique, authentique témoignage des sentiments dont son intérieur était rempli.

Pendant ce temps, on procédait à la destruction de son calvaire. En l'apprenant, il ne proféra aucune plainte; son seul mot fut : *Dieu soit béni!* Puis il annonça que son calvaire serait détruit et relevé jusqu'à deux fois encore. Ce n'est que par force et par menace qu'on pouvait amener les paysans des environs à prêter la main à cette œuvre néfaste. Au bout de trois mois, il n'y avait presque rien de fait. Ces hommes, aux bras de fer pour construire le calvaire, n'avaient, dit une relation, que *des bras de laine* pour le détruire. Le christ et les autres statues, descendus avec précaution au milieu des larmes et des sanglots de l'assistance, furent portés d'abord à Pontchâteau, puis, plus tard, à Nantes.

Montfort passa encore trois mois dans la ville de Nantes, d'où il lui était défendu momentanément de sortir. Toutefois on ne lui avait pas interdit les œuvres de charité à l'intérieur. Il en profita largement pour se dévouer au soulagement de toutes les infortunes, en dotant la ville d'un nouvel hôpital, connu sous le nom de *Maison des Incurables,* et en volant intrépidement au secours des malheureux dont une inondation subite de la Loire vint mettre la vie en danger. A l'exemple de son divin Maître, il était toujours prêt à sacrifier sa vie pour sauver celle de ses frères.

Quelque temps après, en mars 1711, il quittait le diocèse de Nantes pour n'y plus revenir [1].

[1] Nous résumons ici brièvement, pour la satisfaction du lecteur, la suite de l'histoire du calvaire de Pontchâteau jusqu'à nos jours.

A l'occasion de deux missions prêchées à Pontchâteau en 1747 et en 1784, l'œuvre du Bienheureux fut reprise sans pouvoir jamais être terminée complètement. Après la première restauration, les jansénistes, poursuivant Montfort dans ses enfants, empêchèrent encore qu'elle ne reçût une bénédiction solennelle ; dix ans à peine après la seconde restauration, vinrent les révolutionnaires, qui abattirent les croix, pillèrent et incendièrent la chapelle, ainsi que les croix et les statues primitives que l'on y conservait. Seul le Christ emporté par les Pères en 1748, comme une précieuse relique, subsiste encore et se voit dans la chapelle du pèlerinage.

Dès 1803, la tempête révolutionnaire étant apaisée, des mains pieuses dressèrent sur les ruines trois modestes croix, et cet état de choses dura jusqu'en 1821. A cette époque, M. Gouray, curé de Pontchâteau, y fit, en peu de temps, d'immenses travaux de restauration. Le 23 septembre de la même année, l'évêque de Nantes en fit la bénédiction solennelle, en présence de plus de dix mille personnes. Depuis lors, les croix seules ont été remplacées; le monument est resté le même. Il y a aujourd'hui, en face de l'unique entrée du calvaire, une petite chapelle surmontée d'un clocher. Près de la porte d'entrée, on voit une grande statue du saint missionnaire. Deux escaliers de *soixante-trois* marches, qui partent de chaque côté, conduisent jusqu'au sommet du monticule; des stations du chemin de la croix ont été élevées, en forme d'arceaux, tout autour de l'enceinte inférieure. Enfin, en 1854, les croix de bois furent remplacées par les croix de fonte qui existent encore.

Tel qu'il est, le calvaire de Pontchâteau est donc loin de réaliser l'idée grandiose que le B. Montfort s'en était faite jadis. Cependant les fils du grand missionnaire, qui sont les heureux gardiens du monument, depuis 1865, ne désespèrent pas d'y arriver un jour. Et les imposantes manifestations du 15 septembre 1873 et du 8 septembre 1888, ainsi que les faits miraculeux qui se sont passés à l'ombre bienfaisante de leur calvaire ne sont pas pour les dissuader de tenter l'entreprise. Au surplus, l'entreprise n'est plus aujourd'hui à l'état de projet; hâtons-nous de dire qu'elle est en bonne voie d'exécution. Comme autrefois, les habitants de la contrée accourent pleins de bonne volonté, d'élan et de zèle, quand on les invite à venir travailler au calvaire.

« Dernièrement encore, pour les préparatifs de la grande fête du 24 juin 1891, écrit le R. P. Grolleau, il suffit d'un appel, d'un mot, et l'on voit arriver sur la lande, en chantant des cantiques, *trois cents hommes* de la même paroisse; quelques jours après, *cent cinquante* autres d'une paroisse plus éloignée. Tous sont armés de pioches et de pelles. Après une courte prière, à la chapelle du pèlerinage, les travaux commencent.

« Ils sont interrompus de temps en temps par la récitation d'une dizaine de chapelet ou le chant d'un cantique dont tous répètent le refrain avec enthousiasme. Le soir venu, pour tout salaire, la bénédiction du très saint

Sacrement et la vénération de la relique du Bienheureux. Et tous, joyeux, regagnent leur demeure en chantant de pieux refrains.

« En vérité, témoin de ce spectacle, on croirait revivre au temps de Montfort. »

Déjà l'enceinte de la nouvelle Jérusalem rêvée par le saint missionnaire est tracée sur la vaste lande de la Madeleine et, au bas, le *prétoire de Pilate* ou la *Scala sancta,* bâti récemment, est d'un effet vraiment grandiose avec sa balustrade et ses six anges portant les attributs de la Passion.

Une lettre récente de l'un des entrepreneurs de cette belle œuvre nous apprend qu'on a déjà figuré le *torrent de Cédron* et reproduit le *Jardin de Gethsemani.*

Si, comme il faut l'espérer, le Bienheureux veut bien encore du haut du ciel mettre la main à cette œuvre dont il a jeté les fondements jadis, nous verrons bientôt, à Pontchâteau, une merveille unique en son genre qui attirera, de tout l'ouest, de pieuses et pacifiques croisades de pèlerins. *Une Jérusalem nouvelle* leur apparaîtra, s'élevant du milieu des landes de la Bretagne, *toute brillante de clartés.*

CHAPITRE XIII

(1711-1712)

« La parole de Dieu, dit l'abbé Pauvert, ressemble au soleil : elle ne quitte un pays que pour en éclairer un autre. » La persécution qui chassa Montfort de la Bretagne, sa patrie, l'amena dans le bas Poitou, dont sa parole apostolique illumina et embrasa tellement les populations naturellement un peu routinières et apathiques, qu'elle en fit surgir des héros et des martyrs de la foi.

La première mission qu'il donna dans le diocèse de Luçon fut celle de la Garnache, où il fut appelé par M. Dorion, curé de la paroisse, et par Mgr de Lescure. Le terrain était déjà bien préparé d'avance par le zèle éclairé du pasteur; aussi la mission produisit-elle d'excellents fruits. Selon son habitude, Montfort s'y occupa des pauvres, et fit partager aux habitants les soins qu'il prenait de leur misère.

Pendant cette mission, il fut favorisé d'une apparition de la sainte Vierge, dans le jardin même de la cure, sous les yeux d'un petit enfant de chœur qu'on avait envoyé pour le chercher. L'enfant l'appela vainement; Montfort ne lui répondit pas. *Il était,* dit l'enfant, *occupé à parler avec une belle Dame blanche qui était dans l'air*[1].

Mais ce qui a rendu impérissable le souvenir de Montfort à la Garnache, c'est la restauration qu'il entreprit d'une ancienne chapelle abandonnée, située à l'entrée du bourg, et connue aujourd'hui sous le nom de *Notre-Dame de la Victoire.* Quelle fut l'origine de cette chapelle? Les uns attribuent son érection au souvenir de Lépante (la victoire du rosaire); d'autres supposent qu'elle fut primitivement une chapelle dédiée à saint Léonard; une troisième opinion prétend qu'elle fut bâtie par des marins sauvés du naufrage, à la suite d'un vœu à l'*Etoile des mers*.

Quoi qu'il en soit, nous constatons avec plaisir qu'elle fut chère à la piété du dévot serviteur de Marie. « Ayant obtenu le consentement de l'évêque et des habitants, dit Clorivière, il y fit aussitôt travailler, suivant le plan qu'il en donna lui-même. Il voulut que l'autel fût construit de belles pierres blanches. Au lieu de tableau, il ordonna qu'il y eût un pavillon dont les rideaux, pendant des deux côtés, seraient soutenus par des anges.

---

1 Cet enfant était l'aïeul de la mère du R. P. Bethuys, ancien missionnaire de Chavagnes, bien connu pour sa science et sa piété. Le révérend Père qui a rapporté ce fait le tenait de sa propre mère, fille de M. Baudry, procureur fiscal à la Garnache.

Au milieu, sous le pavillon, il fit faire une niche ovale et cintrée d'un rosaire d'où sortaient des rayons d'or. Dans la niche, et sur un piédestal doré, une statue de la sainte Vierge, de deux pieds et demi, avec son Fils entre les bras, devait être placée avec cette inscription : *Notre-Dame de la Victoire.* »

Comme cet ouvrage demandait du temps, il partit de la Garnache sans en attendre la fin; mais il promit de revenir, l'année suivante, pour en faire la bénédiction solennelle, dont il fixa le jour au 12 mai, fête de l'Ascension.

La mission de la Garnache devait être suivie d'une mission à Saint-Hilaire-de-Loulay, où le saint missionnaire avait été demandé par le curé. Y avait-il quelque agent de l'esprit de ténèbres dans la localité ou dans les environs qui se chargea de perdre Montfort dans l'estime du pasteur? C'est probable; car celui-ci, indignement prévenu contre l'homme de Dieu, le reçut fort mal quand il se présenta. Il était tard. Montfort, extrèmement fatigué et trempé de pluie, avait grand besoin de repos; il se vit néanmoins refuser l'entrée du presbytère. Il frappa à la porte d'une hôtellerie; même refus. Il se retirait en bénissant Dieu de cette aventure, et résigné à coucher dehors, quand une pauvre femme, le voyant passer devant sa maison, lui demanda où il allait si tard. « *Ma bonne amie*, répondit Montfort, *je cherche quelqu'un qui veuille bien me retirer, cette nuit, pour l'amour de Dieu. —* Je suis bien pauvre, repartit la femme, mais j'ai encore un peu de pain et de paille à votre service; entrez, je vous prie, avec votre compagnon. » L'offre fut acceptée, et dès le lendemain le missionnaire ainsi rebuté partait pour Luçon.

En passant à Montaigu, il célèbre la sainte messe dans l'église de Saint-Sauveur, au couvent des Dames de Fontevrault, qu'il édifie par sa piété et la sainteté de sa conversation.

Arrivé à Luçon, Montfort s'y arrête quelques jours pour faire une retraite au grand séminaire, dirigé alors par les Pères Jésuites. Il accepte également de passer un ou deux jours chez les Pères Capucins de la même ville, qui l'avaient prié de descendre chez eux. Enfin il ne voulut pas quitter Luçon sans faire visite à Mgr de Lescure, qui l'accueillit avec bienveillance, et l'invita même à prêcher, le lendemain, dans sa cathédrale.

C'était le cinquième dimanche après Pâques. « Le missionnaire, dit Clorivière, après avoir expliqué l'évangile du jour, qui traite de la prière en général, fit tomber son discours sur celle du rosaire. C'était une matière qu'il traitait supérieurement; aussi le prélat parut-il pleinement satisfait. Cependant, dans le cours du sermon, où il avait dépeint avec énergie les excès des Albigeois, il s'était aperçu que deux chanoines s'étaient regardés après avoir jeté curieusement les yeux sur l'évêque. Montfort comprit la signification de ce regard, quand on lui dit, au sortir de l'église, que le prélat était d'Albi. Il s'empressa d'aller présenter ingénuement ses excuses à l'évêque, qui lui répondit en souriant : *Monsieur de Montfort, d'une mauvaise souche il sort quelquefois de bons rejetons.* Et le prélat le congédia avec les marques de la plus sincère estime. »

Vers la fin du mois de mai, Montfort, répondant à l'appel de Mgr de Champflour, arrivait à la Rochelle. Il était si tard, quand il y entra, qu'il dut demander un gîte pour la nuit dans une méchante auberge. Le lendemain, ne pouvant payer sa dépense, qui ne s'élevait pourtant qu'à douze sous, il laissa en gage son bâton de voyage, en attendant qu'il pût acquitter sa dette. Son attrait naturel le conduisit à l'hôpital, où il ne tarda pas à se faire connaître pour un saint; et bientôt une demoiselle Prévot demanda et obtint la faveur de lui donner l'hospitalité dans sa maison.

Comme son collègue de Luçon, l'évêque de la Rochelle accueillit avec joie le nouvel apôtre que Dieu lui envoyait, pour travailler au salut de son troupeau. Disons dès maintenant que ces deux prélats demeurèrent constamment fidèles au saint missionnaire, et lui donnèrent toujours raison contre les jansénistes, les persécuteurs et les calomniateurs de toute sorte acharnés à sa perte. La secte qui avait réussi à le faire chasser, comme un perturbateur, des diocèses de Poitiers, de Saint-Brieuc, de Saint-Malo, de Rennes et de Nantes, ne put rien contre lui dans ceux de Luçon et de la Rochelle. La raison en est que les prélats de ces deux diocèses étaient de l'école de Fénelon, et les seuls peut-être en France, avec Mgr Révol, l'évêque d'Oloron, et l'illustre archevêque de Cambrai, sur lesquels l'hérésie n'eut aucune influence, et qui se distinguèrent toujours par leur soumission parfaite au Vicaire de Jésus-Christ.

Après avoir jeté, comme à l'essai, le filet de sa parole apostolique dans la paroisse de Lhoumeau, aux portes de la Rochelle, Montfort donna successivement quatre missions dans la ville même.

Dès la première, à l'église de l'hôpital Saint-Louis, l'affluence des auditeurs fut telle, qu'il fut obligé d'abandonner cette église trop étroite, et de prêcher en plein air, dans la cour de l'établissement. Le succès dépassa toute espérance.

On pensera peut-être que pour ramener les calvinistes, encore nombreux alors à la Rochelle, la controverse fut l'arme dont se servit le prédicateur. C'est une erreur. Le Dominique des temps modernes crut que l'exposition pure et simple des mystères adorables de notre sainte religion et la prédication du rosaire lui réussiraient mieux. Les conversions nombreuses qui furent la récompense de ses travaux, notamment celle de Mme Mailly, l'une des colonnes de l'hérésie, dans ce temps-là, démontrèrent qu'il avait cent fois raison.

Les églises de la ville, toujours trop grandes en temps ordinaire, sont insuffisantes à contenir la masse toujours grossissante de ses auditeurs. Que fera-t-il? Il choisira la plus vaste, celle des Jacobins, et y prêchera consécutivement trois missions, la première pour les hommes, la seconde pour les femmes, la troisième pour les soldats de la garnison.

Toutes furent très édifiantes, mais surtout la dernière.

C'était un spectacle à nul autre pareil, que de voir ces hommes, endurcis par le métier des armes, fondre en larmes, comme des enfants, au pied de la chaire de l'éloquent missionnaire, prier à haute voix sans le moindre respect humain, chanter des cantiques, se jeter à ses pieds pour lui faire l'aveu de leurs crimes, et effacer dans les pleurs du repentir les souillures de leur vie.

Mais rien ne fut touchant comme la procession qu'il leur fit faire le jour de la clôture des exercices. Écoutons le récit de l'historien Clorivière : « Tous les soldats, dit-il, y marchaient nu-pieds, tenant un crucifix dans une main et un chapelet dans l'autre. A leur tête, un officier, aussi pieds nus, portait une espèce de drapeau ou d'étendard de la croix. Tous chantaient les litanies de la sainte Vierge; les chantres, d'espace en espace, entonnaient ces mots : *Sainte Vierge, demandez pour nous*, et le chœur répondait : *Le saint amour de Dieu*. Et cette réponse se faisait d'un air si touchant, chacun ayant les yeux sur son crucifix, que tous ceux qui étaient présents se trouvaient attendris de ce spectacle. »

Ces quatre missions terminées, Montfort voulut en perpétuer le souvenir par la plantation de deux croix, l'une à la porte Dauphine, l'autre à la porte Saint-Nicolas. La plantation de la dernière, notamment, se fit au milieu d'un concours immense de peuple, et fut accompagnée de circonstances extraordinaires. Le ciel sembla prendre part à la fête. En effet, au beau milieu du sermon, des cris enthousiastes s'élevèrent tout à coup du sein de la foule : *Miracle! miracle!' Nous voyons des croix en l'air!* Ces cris durèrent près d'un quart d'heure, et plus de cent personnes, tant ecclésiastiques que laïques, toutes très dignes de foi, certifièrent avoir vu, en ce moment, un grand nombre de croix en l'air. N'était-ce pas comme une approbation donnée par le Ciel à la pieuse pratique de Montfort d'ériger des calvaires partout où il prêchait des missions?

Le vaillant missionnaire trouva à la Rochelle des croix d'un autre genre. Le vice, auquel il avait déclaré une guerre à outrance, essaya de le décrier par des calomnies, des railleries, des chansons. Là, comme à Nantes, les libertins, poursuivis par lui jusque dans les repaires de la débauche avec une audace que seuls les saints se peuvent permettre, formèrent plusieurs fois le projet d'attenter à sa vie. Un soir, voulant pénétrer dans la rue dite *de la Rochelle,* il sentit son cœur devenir froid comme glace, et ne put jamais avancer. Il dut faire un long détour pour arriver où il voulait aller. La main de Dieu l'avait arrêté sans doute, et ce mystère de protection fut révélé plus tard au prêtre qui l'accompagnait dans la circonstance, lorsqu'il entendit raconter à l'un des auteurs mêmes du guet-apens, qu'on avait attendu Montfort dans cette rue *de la Rochelle,* depuis sept heures jusqu'à onze heures du soir, pour lui casser la tête.

D'autre part, les calvinistes, outrés des conquêtes qu'il faisait sur l'hésésie, trouvèrent un jour le moyen d'empoisonner un bouillon qu'il devait prendre en descendant de chaire. L'homme de Dieu ressentit aussitôt les effets du poison. Le contre-poison qu'il s'empressa de prendre ne put réagir suffisamment ; il lui en resta une faiblesse organique qui, sans l'arrêter dans ses travaux, contribua néanmoins, à n'en point douter, à hâter la fin de ses jours.

Somme toute, l'apostolat de Montfort à la Rochelle remua profondément cette ville et y opéra des changements merveilleux dont tout le monde eut à se féliciter. Le gouverneur, M. de Chamilly, en conçut tant d'estime pour le missionnaire, que, durant les quatre missions, il lui fit l'honneur de l'inviter plusieurs fois à sa table.

Dans les derniers mois de l'année 1711 et les premiers de l'année 1712, Montfort donna quelques missions à la campagne, et c'est au cours de ces prédications, dont l'histoire n'a pas gardé le souvenir précis, que l'évêque de Luçon le pria de nouveau de venir travailler dans son diocèse, en lui recommandant spécialement l'*île d'Yeu*, comme un lieu plus destitué de secours spirituels, à cause de sa situation même.

CHAPITRE XIV

(1712)

Posée comme un nid d'alcyon, au milieu des vagues
de l'Océan, à vingt-cinq kilomètres au sud-est de Noir-
moutier et à dix-sept du littoral le plus rapproché, qui
est la pointe de Monts, l'île d'Yeu, où fut appelé Montfort après ses missions de la Rochelle, n'est qu'un
rocher recouvert d'une mince couche de terre végétale
et habité par une population de pêcheurs ne dépassant
guère trois mille âmes.

A l'époque où Montfort s'apprêtait à y porter sa
parole apostolique, l'abord n'en était pas toujours facile,
ni sans péril, à cause des écumeurs de mer sortis de
Guernesey qui infestaient presque continuellement ses
parages. Les calvinistes de la Rochelle s'étaient même

entendus avec eux pour se débarrasser du saint missionnaire. Mais celui-ci, prévenu à temps, déjoua leurs projets en laissant partir sans lui le bateau rochelais qui devait le prendre à son bord. Aux Sables-d'Olonne, aucun marin ne consentit à le transporter dans l'île. Un marin de Saint-Gilles, sur ses pressantes exhortations, se décida enfin, mais non sans peine, à effectuer la traversée[1]. Mieux que le grand capitaine de l'antiquité, le missionnaire aurait pu dire à son pilote : *Que crains-tu ? tu portes Montfort et sa fortune !* Or cette bonne fortune de Montfort, qui était la protection spéciale de la très sainte Vierge, se montra visiblement dans la circonstance, en arrachant miraculeusement l'embarcation aux mains des pirates qui fondaient déjà sur elle à toutes voiles. Dans ce danger imminent, le dévot serviteur de Marie s'arma de son chapelet et se mit à le réciter à haute voix avec l'équipage : le vent, qui avait été contraire jusque-là, tourna aussitôt ; les corsaires virèrent de bord et ne mirent plus aucun obstacle au débarquement. Montfort entonna alors un *Magnificat* d'action de grâces que les matelots chantèrent avec lui.

Dans l'île, où l'on s'était aperçu, sans doute, de ce qui venait de se passer, Montfort fut accueilli comme un messager du ciel. Le curé, M. Pierre Héron, et son peuple, s'étaient portés au-devant de lui jusque sur le rivage. Aussi la mission s'ouvrit-elle sous les plus heureux auspices. Elle dura deux mois, et ne finit qu'après

---

[1] D'après une tradition saint-gilloise dont nous ne pouvons garantir l'authenticité, ce marin se nommait François Robion. Ce qu'il y a de certain, c'est que ses descendants actuels affirment la vérité de cette tradition et s'en prévalent comme d'une gloire de famille.

les Pâques de l'année 1712. L'île entière fut renouvelée.

Aujourd'hui encore, le souvenir du bienheureux missionnaire est toujours vivant dans la mémoire reconnaissante des insulaires. Et aux pieux étrangers qui les visitent ils montrent avec bonheur, à la base de leur calvaire de mission, une pierre énorme que plusieurs hommes ne pourraient remuer, et que Montfort, dit la tradition, armé d'une force surhumaine, transporta seul en cet endroit.

De l'île d'Yeu l'infatigable apôtre se rendit, par Nantes, à la Garnache, où il se trouva, selon sa promesse, le 12 mai, jour de l'Ascension, fixé, l'année précédente, pour la bénédiction de la chapelle de *Notre-Dame de la Victoire*. Cette fête avait attiré une foule considérable, et le sanctuaire restauré fut trop étroit pour la contenir ; c'est pourquoi le sermon eut lieu en plein air. Ici se place un beau trait de foi qui mérite d'être cité pour servir de leçon à la froide indifférence de la génération actuelle.

Le sermon venait de commencer, et voici que tout à coup le ciel se fond en eau. Mais, malgré la pluie abondante, pas un des auditeurs ne bouge ; bien plus, ils veulent rester découverts quand même, par respect pour la parole de Dieu, et il faut que le missionnaire les presse, avec menace de suspendre le sermon, pour les décider enfin à se couvrir. Foi vive de nos pères, qu'êtes-vous devenue !...

Montfort bénit ensuite la chapelle au milieu du recueillement général.

Le sanctuaire de *Notre-Dame de la Victoire* est toujours debout, et le souvenir du Bienheureux, joint aux grâces sans nombre que Dieu se plait à y répandre par les mains de sa Mère, y attire encore de nos jours de nombreux pèlerins [1].

Le soir même de la cérémonie de la Garnache, le vénérable curé de la paroisse, à la tête de son peuple, conduisait processionnellement Montfort à Sallertaine, où il devait donner une mission. De son côté, le curé de Sallertaine devait venir à mi-chemin au-devant de lui avec ses paroissiens. Mais le démon, prévoyant sans doute la guerre sans merci que l'homme de Dieu allait lui déclarer, avait tellement indisposé les esprits, que très peu de personnes voulurent suivre leur curé. L'accueil fait au missionnaire à Sallertaine ne fut donc rien moins que sympathique. Partout, sur son passage, éclataient des rires et des insultes ; on alla même jusqu'à lui jeter des pierres. Des mécontents avaient fait fermer les portes de l'église et cacher les clefs : ils s'attendaient à une déconvenue, quand le curé reviendrait pour y introduire son missionnaire. Mais la déconvenue fut tout entière pour eux ; car ils constatèrent, à leur grande surprise, que les portes de l'église s'étaient ouvertes d'elles-mêmes à l'approche de Montfort.

---

[1] En 1873, le 21 novembre, la chapelle de Notre-Dame de la Victoire était le but d'un pèlerinage de vingt-cinq mille personnes présidé par Mgr Colet, évêque de Luçon. Tous les pèlerins étaient rangés sous *soixante* bannières qui représentaient autant de paroisses de la Vendée et de la Bretagne. Cette manifestation religieuse fut, pour la Vendée, le premier et non le moins brillant de ses pèlerinages locaux. — Plus récemment, le 27 septembre 1888, Vendéens et Bretons conduits par leurs évêques respectifs remplissaient de nouveau une vaste prairie voisine de la chapelle et acclamaient Montfort sous son titre de *bienheureux*. On a évalué, cette fois, à *quarante mille* le nombre des pèlerins de *Notre-Dame de la Victoire* et du B. Montfort, son fidèle serviteur.

La chapelle a été restaurée de nos jours par M. l'abbé Girard, ancien curé de la Garnache, avec un soin et un zèle dignes de tout éloge.

Dès le lendemain, la mission commençait, et, chose remarquable, le prédicateur n'eut qu'à ouvrir la bouche pour faire tomber toutes les animosités de la première heure. Venu comme un agneau au milieu des loups, il vit ces loups subitement changés eux-mêmes en agneaux, et il n'eut plus qu'à se louer de leur douceur et de leur docilité. Jamais l'homme de Dieu n'avait commencé de mission avec tant d'opposition ; jamais, peut-être, aucune ne lui procura autant de consolations.

Il laissa, à Sallertaine, un souvenir de son amour pour Marie en réparant une chapelle qu'il dédia à *Notre-Dame de Bon Secours*. Il y éleva aussi un magnifique calvaire, rappelant en petit celui de Pontchâteau. La procession qu'il organisa pour la bénédiction de ce calvaire mérite une mention spéciale. « Montfort, dit Clorivière, voulut que tous ceux qui formaient la procession eussent à la main une petite croix et leurs engagements de baptême imprimés sur vélin et signés de leur main ou de la sienne. Quand tout fut en ordre et prêt à marcher, le missionnaire témoigna qu'il désirait que, pour marquer davantage leur respect pour la croix, les hommes et les garçons fussent nu-pieds au Calvaire. Il leur dit que chacun d'eux n'avait qu'à laisser sa chaussure vis-à-vis de l'endroit où il était, et il leur promit qu'ils la retrouveraient tous à leur retour. Il fut aussitôt obéi. Prêtres, gentilshommes, bourgeois, gens du commun se déchaussèrent indistinctement, et placèrent leurs bas et leurs souliers comme il l'avait dit, et, ce qu'il y a de singulier, et ce qui marque bien l'ordre qu'il savait faire observer dans ces sortes de cérémonies, il n'y eut personne, dans cette vaste multitude de monde, qui ne trouvât, au retour, sa chaussure au même endroit où il l'avait laissée. »

Après la mission de Sallertaine, Montfort fut appelé à Saint-Christophe-du-Ligneron. Il y alla escorté par les habitants de Sallertaine, qui tinrent à réparer ainsi le mauvais accueil qu'ils lui avaient fait à son arrivée. Cette longue procession rencontra, à moitié chemin, celle des paroissiens de Saint-Christophe.

Depuis la Garnache, c'était une vraie marche triomphale. Le saint missionnaire s'avançait, en effet, comme un conquérant, allant de victoire en victoire, et soumettant les cœurs les plus rebelles au joug suave de Notre-Seigneur Jésus-Christ. Et ces heureux vaincus de la grâce ne pouvaient se séparer de lui.

De tels faits rappellent comme invinciblement l'attachement de ces premiers chrétiens de Milet et de Tyr évangélisés par l'apôtre saint Paul, quand ils l'accompagnaient jusqu'au navire en pleurant, dans la pensée qu'ils ne le reverraient plus sur la terre[1].

Cependant ce triomphe même n'allait pas sans la croix.

Ainsi escorté, il traversa Challans, où il dut prêcher sous les halles, le curé lui ayant refusé l'entrée de son église, et fut traité de fou par des marchands forains qui passaient.

En arrivant à Saint-Christophe, Montfort fut souffleté publiquement par un méchant homme auquel la foule voulait faire un mauvais parti, mais dont il se fit le défenseur. Et le malheureux, touché par la grâce, fut l'une de ses premières conquêtes.

La mission de Saint-Christophe commença le 11 juin 1712. Elle fut l'une des plus remarquables

____
[1] *Act.* xx, 38; xxi, 5, 6.

qu'ait prêchées le Bienheureux. Indépendamment des prodiges de grâces qui l'accompagnaient partout, il donna, dans cette paroisse, des preuves extraordinaires de l'esprit prophétique dont il était doué et du grand crédit qu'il avait auprès de Dieu. Nous en citerons deux exemples seulement.

Un usurier, nommé Tangaran, cédant aux mauvais conseils de sa femme, Jeanne des Combes, refusait de brûler des contrats frauduleux et injustes au moyen desquels il avait amassé une fortune considérable. Montfort perdait sa peine auprès de lui. Un jour, s'armant d'une sainte colère, il finit par lui dire : « *Vous êtes attaché aux biens de la terre ; vous méprisez ceux du ciel ; vos enfants ne réussiront point, ils ne laisseront point de postérité, et vous serez misérables. Vous n'aurez pas même de quoi payer votre enterrement !*

— *Oh !* répliqua la femme d'un ton moqueur, *il nous restera bien au moins trente sous pour payer le son des cloches...*

— *Et moi,* reprit le missionnaire, *je vous dis que vous ne serez pas honorés du son des cloches, à votre enterrement.* »

Tout cela s'est vérifié de point en point. Tangaran avait deux enfants, un garçon et une fille, qui se marièrent et moururent tous les deux sans postérité. Quant à lui, il tomba bientôt dans la plus extrême indigence et ne laissa que des dettes à ses héritiers. Il fut enterré le *vendredi saint* 1738, huit ans après sa femme, enterrée un jour semblable. Et, pour cette raison, tous les deux, selon que Montfort le leur avait prédit, furent privés du son des cloches à leur enterrement.

L'autre fait n'est pas moins merveilleux.

Montfort était allé pour affaire chez le sacristain, Jean Cantin. Il trouva sa fille occupée à boulanger, et lui demanda si elle était bien fidèle à offrir son travail au bon Dieu. Comme celle-ci lui répondait ingénument qu'il lui arrivait souvent d'y manquer : *N'y manquez jamais,* reprit-il. Puis, joignant l'exemple à la leçon, il se mit à genoux près du pétrin, pria un instant, bénit la pâte et se retira. Or la pâte se trouva tellement augmentée, par suite de cette bénédiction de l'homme de Dieu, qu'au lieu d'une fournée de pains que l'on avait préparée, il y en eut trois.

Jean Cantin, reconnaissant envers Dieu et son serviteur de cette prodigieuse abondance, s'empressa de porter un des pains à la maison des missionnaires. *Hé bien, maître Cantin,* lui dit Montfort en le recevant, *vous apportez donc à la Providence : c'est ainsi qu'il faut faire. Donnez, et l'on vous donnera. Puisque Dieu est si libéral envers vous, il faut que vous le soyez envers les pauvres.*

Quand il eut terminé la mission de Saint-Christophe, Montfort retourna, une troisième fois, à la Garnache pour y faire les *exercices de la préparation à la mort* et en enseigner la pratique à de pieuses personnes.

Ces exercices durèrent trois jours. Il les termina par une mimique ou mise en scène qu'on croirait empruntée à l'histoire religieuse du moyen âge. Le serviteur de Dieu voulut lui-même représenter un homme à l'article de la mort : il était assis sur un fauteuil, ayant auprès de lui deux ecclésiastiques qui remplissaient, l'un, l'office du bon ange, l'autre, l'office du mauvais ou du démon. Le moribond, le crucifix à la main, le collait souvent sur ses lèvres et contre son cœur; il jetait des regards pleins de confiance vers le ciel en implorant sa miséricorde; il écoutait avec attention toutes les inspirations du bon ange et rejetait avec indignation les suggestions du mauvais, auxquelles il opposait surtout des actes de foi, d'espérance et de charité. Au désespoir qui envahissait son âme, à la vue de ses fautes innombrables, succédaient la confiance dans les mérites infinis du Rédempteur et l'espérance du pardon.

Puis, sur toute cette scène qui paraîtrait aujourd'hui bizarre ou trop impressionnante à notre délicatesse, un cantique de circonstance jetait ses notes funèbres pour en graver encore plus profondément les enseignements dans les cœurs :

> A la mort, à la mort,
> Pécheur, tout finira !
> Le Seigneur, à la mort
> Te jugera !
> Il faut mourir ! il faut mourir !...
> De ce monde il nous faut sortir...
> Le triste arrêt en est porté :
> Il faut qu'il soit exécuté.

La prédication terminée, chacun se retirait en silence, en se frappant la poitrine, résolu de mener une sainte vie, afin d'obtenir une sainte mort. Avec ces exercices prit fin l'apostolat de Montfort dans l'ancien diocèse de Luçon[1]; il rentra immédiatement dans celui de la Rochelle.

C'était vers la fin du mois de juillet 1712.

---

[1] En 1648, l'ancien diocèse de Maillezais fut réuni à celui de la Rochelle. Mervent, Fontenay-le-Comte, Vouvant et Saint-Laurent-sur-Sèvre, où le Bienheureux prêcha dans la suite, qui faisaient partie du diocèse de Maillezais, dépendaient par conséquent, à cette époque, non du diocèse de Luçon mais du diocèse de la Rochelle.

CHAPITRE XV

(1712-1714)

Après des missions aussi fatigantes que celles dont nous venons de parler, il semble que le missionnaire devait avoir grand besoin de repos ; mais le repos, il ne le connut que dans la tombe, ainsi que le porte son épitaphe. Il était de retour à la Rochelle, depuis quelques jours à peine, et déjà nous le trouvons prêchant une retraite générale pour toutes les personnes de la ville, dans l'église de l'hôpital Saint-Louis. Prodigieux fut le nombre des retraitants ; prodigieux aussi les fruits de grâce qu'ils recueillirent.

Une jeune mondaine, de bonne famille, Bénigne Pagé, venue, un jour, à l'église pour se moquer du prédicateur, en sortit convertie et pénitente. Mont-fort, en voyant cette pauvre Madeleine étalant, au pied de sa chaire, une toilette orgueilleuse et indécente, avait eu pitié de son âme et avait demandé à Dieu sa conversion dans une prière fervente. Elle rentrait, quelques jours après, chez les religieuses de Sainte-Claire. Cet exemple ne fut pas stérile ; il contribua au succès des pieux exercices, et fut suivi par d'autres jeunes personnes.

Pour attacher davantage le saint missionnaire au diocèse de la Rochelle, des personnes pieuses eurent alors l'idée de lui offrir une petite maison, dans la paroisse de Saint-Éloi. Ce fut ce qu'il appela lui-même son *ermitage de Saint-Éloi* où, comme jadis à *Saint-Lazare,* dans son pays natal, il aimait à se retirer pour converser seul à seul avec Dieu et s'y livrer à son attrait pour la mortification corporelle [1]. C'est de ce petit cénacle que, nouvel apôtre, il sortait bientôt plein d'ardeur pour voler à la conquête des âmes dans les paroisses de Thairé, de Saint-Vivien et d'Esnandes.

Nous ne pouvons malheureusement raconter toutes ces missions en détail. Citons néanmoins un fait qui se passa à la clôture de la dernière. Cette clôture, qui eut lieu *la veille de Noël,* avait attiré à Esnandes un grand nombre d'étrangers. Il en était venu en barque de

---

[1] C'est dans son ermitage de Saint-Éloi que Montfort composa son *Traité de la vraie dévotion à la sainte Vierge,* un des livres les plus admirables qui avaient été écrits sur ce sujet, depuis saint Bernard. La règle des Filles de la Sagesse fut aussi rédigée en ce lieu béni.

Saint-Éloi est aujourd'hui la propriété des Filles de la Sagesse. Elles entretiennent avec une affection respectueusement filiale cette humble maison habitée jadis par leur père, et qui est encore tout embaumée de sa piété et de ses vertus.

toute la côte, de Charron, de Saint-Michel-en-l'Herm, et, parmi eux, quelques émissaires de Satan qui se firent remarquer par leur impiété. Un aubergiste, nommé Morcant, avait accueilli chez lui un groupe de ces trouble-fête qui se permettaient de violer publiquement les lois du jeûne et de l'abstinence.

Montfort, averti du scandale, accourt aussitôt pour y mettre ordre; mais ses prières et ses supplications laissent insensibles le maître de la maison et ses convives; il se retire alors, le cœur navré, en lançant contre lui cette malédiction terrible : *Va, malheureux, tu périras misérablement, toi et ta famille !*

Cette fois encore, l'homme de Dieu avait prophétisé.

Il eut beau prier et faire prier pour détourner la vengeance du Ciel qu'il avait appelée sur cette famille; rien n'y fit. Dieu ne voulut pas que l'arrêt prononcé par son serviteur restât sans effet. Quelques jours après cette scène, le malheureux aubergiste fut saisi d'un mal étrange, d'une sorte de tremblement violent contre lequel la médecine se déclara impuissante, et qui ne s'arrêta qu'à sa mort. On ne l'appelait plus que *le tremblant*. Toute sa famille partagea son châtiment et s'éteignit en peu de temps dans le mépris et la misère.

Un fait plus consolant est le magnifique triomphe remporté par Montfort, quelque temps après, à la mission de Courçon.

Cette paroisse était profondément divisée. Médisances, calomnies, injures, guerres et procès étaient à l'ordre du jour. Le curé même n'en était pas exempt. Montfort parut au milieu de ces frères ennemis comme l'ange de la paix. Pour mieux attirer la miséricorde de

Dieu sur eux, il redoubla ses prières et ses austérités ; car, tout d'abord, sa parole semblait tomber sur eux comme la semence sur le rocher ; puis il les convoqua tous sans exception à un sermon sur un sujet très important. Son appel fut entendu. Il prêcha sur le pardon des injures, et il le fit avec tant de feu et d'onction que, cette fois, les rochers s'amollirent. « Tous les cœurs, dit Clorivière, se trouvèrent subitement changés. Le curé, sans attendre la fin du sermon, se leva, et, après avoir déclaré publiquement ses fautes, demanda humblement pardon à ses paroissiens de son peu de charité et des scandales qu'il leur avait donnés. Le prédicateur sut profiter d'un exemple si touchant, et, reprenant la parole : *Hé quoi !* dit-il, *voilà votre pasteur qui désire se réconcilier avec vous et vous demande pardon ; et vous, mes frères, vous qui avez vomi contre lui mille imprécations, vous hésiteriez à le faire !* Il n'avait pas achevé ce peu de mots, qu'on n'entendit plus que gémissements et que sanglots dans tout l'auditoire. Tous les habitants de la paroisse demandaient à grands cris pardon à leur pasteur, qui lui-même fondait en larmes.

« Il s'agissait encore de réconcilier les paroissiens les uns avec les autres ; mais, après ce qu'ils venaient de faire, la chose n'était pas difficile. Au premier ordre qu'en donna le missionnaire, les hommes se donnèrent mutuellement le baiser de paix, et les personnes du sexe en firent autant entre elles. »

A dater de ce jour, la paix et la tranquillité régnèrent dans la paroisse. Quel orateur remporta jamais un aussi beau triomphe ! dirons-nous avec le dernier historien du Bienheureux. Au demeurant, de semblables victoires sont moins le fait de l'éloquence que celui de la sainteté.

Dans ce même temps, Montfort prêcha un certain nombre d'autres missions dont Grandet nous a conservé les noms. L'une des plus célèbres fut celle de la Séguinière, à une lieue de Cholet, où Montfort trouva un curé modèle qu'il appelait *un curé selon son cœur*. Cette mission du 4 juin 1713 augmenta encore la ferveur de cette excellente paroisse ; mais elle causa une fatigue extrême à l'ardent missionnaire. Il profita de son passage pour restaurer une ancienne chapelle qu'il dédia sous le vocable de *Notre-Dame de toute Patience*. Puis, sans vouloir prendre aucun repos, il partit de là pour Paris.

Le but de ce voyage était de recruter des sujets pour la *compagnie de missionnaires* qu'il voulait établir et charger de continuer son œuvre. Il se rendit, pour cela, au séminaire du Saint-Esprit, fondé par M. l'abbé Desplaces, l'un de ses compatriotes. Ses discours, respirant l'amour du sacrifice et l'amour des âmes, firent une impression profonde sur les élèves. Aussi quelques-uns d'entre eux se décidèrent-ils à se consacrer aux missions, à sa suite et à son exemple ; mais parmi ceux-là, un seul, M. Vatel, travailla avec lui ; les autres ne vinrent se joindre à sa *compagnie* qu'après sa mort.

Son séjour à Paris, qui dura deux mois, fut l'occasion des plus rudes épreuves. Il n'est sorte de persécutions, d'outrages, de moqueries, de mépris, auxquels il n'ait été en butte, et cela, de la part même de ses anciens amis. Une lettre qu'il écrivit, en ce moment, à l'une de ses sœurs, religieuse à Rambervilliers, en laisse transpirer quelque chose. *Je suis*, écrit-il, *comme une*

balle dans un jeu de paume : on ne l'a pas sitôt pous-
sée d'un côté, qu'on la pousse de l'autre en la frappant
rudement... Cependant, ma chère sœur, bénissez-en
Dieu pour moi, car je suis content et joyeux au milieu
de toutes mes souffrances. Et je ne crois pas qu'il y ait
rien au monde de plus doux pour moi que la croix la
plus amère, quand elle est trempée dans le sang de
Jésus crucifié et dans le lait de sa divine Mère...

Au milieu de toutes ces croix, il ne cessa de s'occuper activement de l'objet de son voyage, la fondation
de sa *compagnie de missionnaires*. A l'exemple de saint
Ignace qui avait établi la *Compagnie de Jésus*, il donna
à son institut le nom de *Compagnie de Marie*, et il est
probable que c'est à Paris même et non dans l'*ermitage
de Saint-Éloi*, comme l'ont pensé quelques historiens,
qu'il en traça les premiers règlements.

Sa sainteté, ridiculisée par les jansénistes et leurs
amis, ne laissait pas de frapper les âmes simples et
droites. Un matin, à une pauvre femme qui venait
d'assister à sa messe et lui demandait avec larmes de
prier pour son enfant dont la tête était rongée de teigne,
il dit ces simples mots : « *Croyez-vous que les ministres
de Jésus-Christ aient le pouvoir de guérir, au nom de
leur Maître, les différentes maladies ?* — Oui, Monsieur, » répondit la pauvre mère. Montfort mit alors
sa main sur la tête de l'enfant et ajouta : *Que le
Seigneur vous guérisse, mon enfant, et récompense en
vous la foi de votre mère.* Dès l'instant la teigne sécha,
tomba, et l'enfant fut guéri.

Peu de jours après, le serviteur de Dieu quittait
Paris. En passant par Poitiers, il retrouva, après huit
ans d'absence, la sœur Marie-Louise de Jésus dans

toute sa ferveur première et portant toujours avec bonheur, au milieu de mille difficultés, le saint habit dont il l'avait revêtue dix ans auparavant. Mais il était à peine entré dans la ville, que l'évêque, apprenant son arrivée, lui fit intimer l'ordre d'en sortir dans les vingt-quatre heures. Cette courte visite du saint prêtre n'en fut pas moins la source des plus douces consolations pour sa fille spirituelle. Il en profita pour lui adjoindre une compagne dans la personne de Mlle Catherine Brunet, dont nous avons déjà parlé, et qui prit le nom de *sœur de la Conception*. Ce fut la seconde *fille de la Sagesse*.

Au commencement de septembre 1713, Montfort était de retour à la Rochelle, et il ouvrait les exercices d'une mission à Mauzé. Le zélé missionnaire ne comptait pas avec la fatigue. Toutefois ses forces ne répondaient plus à l'ardeur de son zèle : il fut atteint, au milieu de cette mission, d'une sérieuse maladie qui mit sa vie en danger.

On le transporta à l'hôpital de la Rochelle. Là, dans les cruelles opérations qu'il dut subir jusqu'à deux fois par jour, on ne l'entendit pas proférer une seule plainte. S'il ouvrait alors la bouche, c'était pour chanter son cantique : *Vive Jésus ! vive sa croix !* Le saint malade offrait ainsi, dans sa personne, un modèle accompli de cette patience, de cet amour des souffrances dont il donnait aux autres de si touchantes leçons. Les médecins eux-mêmes en étaient dans l'admiration.

Enfin il en réchappa comme par miracle, au bout de quelques mois de traitement. Mais, au lieu de donner à la nature qui semblait demander grâce un repos bien mérité, sa soif du salut des âmes l'emporta. Pour la satisfaire, il usa et abusa même de ses forces à peine recouvrées en prêchant les exercices de la préparation à la mort à Courçon et à l'hôpital de la Rochelle; puis, au mois de mars 1714, les missions du Vanneau, dans le diocèse de Saintes, de Saint-Christophe, de Vérines, de Saint-Médard, du Gué-d'Alleré, de Saint-Sauveur, de Nuaillé, de la Jarrie, de Croix-Chapeau et de Marennes, dans celui de la Rochelle. On dit même qu'il passa dans l'île d'Oléron [1].

Comme on le voit, les missions succédaient aux missions, et l'homme de Dieu était vraiment comme ces nuées mystérieuses dont parle le prophète, *qui volent* [2] en répandant çà et là les eaux fécondes de la grâce et fertilisent les cœurs les plus endurcis.

Vers la fin du mois de juin, il prêchait une retraite à la Séguinière et passait dans la paroisse de Roussay, située à l'extrémité septentrionale du diocèse de la Rochelle et dépendant aujourd'hui de celui d'Angers.

La mission de Roussay fut très remarquable par le bien qu'elle produisit et les faits prodigieux qui s'y passèrent.

Le vice dominant de cette localité était l'ivrognerie ; Montfort l'attaqua de front avec une liberté et une

---

[1] Dans sa *Vie du Bienheureux* (t. IV, 21), l'abbé Quérard, après avoir cité Clorivière sur ce point, ne croit pas que Montfort ait donné de mission dans l'*île d'Oléron*, qu'il appelle à tort un diocèse; mais il suppose que le saint missionnaire y alla, dans l'intervalle de ses missions, pour faire visite, dit-il, à son ancien ami et protecteur de Poitiers, M. Révol, qui en était évêque. Le respectable auteur se trompe en confondant l'*île d'Oléron* avec *Oloron*, petite ville des Basses-Pyrénées, qui possédait jadis un évêché, et dont effectivement M. Révol fut le cinquante-troisième évêque. (Cf. *Gallia christiana*, t. Ier, col. 1280-1281.)

[2] « Ut nubes volant... » (*Isaïe*, LX, 8.)

véhémence tout apostoliques. Un proverbe notoire dit ce mal sans remède ; le saint missionnaire, qui apportait à la cure des âmes une expérience non moins grande que son zèle, ne le crut pas. Pour en triompher, il eut recours à ses grands moyens, la prière et la mortification ; puis il prêcha fortement, descendit dans l'arène et livra, pour ainsi dire, un combat corps à corps avec les malheureuses victimes de ce vice honteux et dégradant.

Un jour que des buveurs attablés dans une auberge voisine de l'église troublaient la prédication par leurs clameurs et leurs chansons bachiques, on le vit, en effet, descendre de chaire, aller directement au lieu du désordre et en expulser lui-même les tapageurs.

La lutte lui coûta des peines infinies ; mais enfin la victoire fut complète.

Si l'on ajoute foi à de respectables traditions locales, Montfort fut alors soutenu dans ses efforts et consolé dans ses peines par des apparitions fréquentes de *sa bonne Mère*, la très sainte Vierge. Il restaura, à Roussay, une chapelle abandonnée qu'il lui dédia sous le vocable de *Notre-Dame de Pitié*. Il y établit aussi la dévotion du *rosaire,* dont la pratique fut adoptée par les paroisses voisines et s'est maintenue dans la contrée jusqu'à nos jours.

La plantation de la croix de la mission se fit au milieu d'une foule immense qui, vu l'exiguité relative de l'emplacement, se trouvait massée autour du tertre où devait s'élever le signe de la rédemption. Cette croix, d'un poids proportionné à sa grande dimension, se dressait lentement au-dessus des têtes, quand, tout à coup, par une fausse manœuvre des ouvriers, elle s'abat lourdement à l'endroit même où le peuple était le plus entassé. Un cri s'échappe de toutes les poitrines et une sorte de reflux instinctif se produit dans les rangs pressés de cette multitude. Qu'était-il arrivé? Naturellement, la croix, dans sa chute, aurait dû écraser un certain nombre de personnes qui se trouvaient dans l'impossibilité de se retirer assez vite. Il n'en fut rien. Une seule fut atteinte, et encore en fut-elle quitte pour une légère contusion. Évidemment, une prière de Montfort avait obtenu ce miracle de préservation que, lui, dans son humilité, attribua à une protection spéciale de la très sainte Vierge.

Une petite chapelle élevée par une femme pieuse marque aujourd'hui le lieu de l'accident que nous venons de rappeler. On y voit encore une petite statue de la sainte Vierge tenant l'enfant Jésus dans ses bras, dont le Bienheureux fit présent, durant la mission, à un marguillier de la paroisse, en reconnaissance de ses bons services, et qui a été religieusement conservée par la piété des habitants[1].

La saison favorable aux missions étant passée, Montfort profita des loisirs que lui permettaient ses travaux apostoliques pour entreprendre un long voyage jusque dans la capitale de la Normandie.

Il prit la route de Nantes, où il ranima en passant la ferveur des pieux associés de la paroisse Saint-Similien, qu'il avait groupés en confrérie sous le nom d'*amis*

---

[1] Cette dernière chapelle, située à l'entrée du bourg, à l'endroit où débouche la nouvelle route de Saint-André-de-la-Marche, fut construite vers le commencement du siècle, non seulement pour marquer le souvenir dont nous avons parlé, mais surtout en reconnaissance d'une protection spéciale du Bienheureux sur la paroisse de Roussay, pendant la révolution. (*Communication de M. le curé de Roussay.*)

de la croix, se dirigea ensuite sur Rennes, y fit une retraite de huit à dix jours pendant laquelle il médita sur la croix et ses précieux avantages.

Ce fut au sortir de cette retraite, qu'empruntant, pour ainsi dire, le cœur et la main du grand Apôtre des nations, il écrivit son admirable *Lettre circulaire à ses chers amis de la croix de la cité nantaise*. Il voulut par ces lignes les instruire à nouveau et les consoler de ce qu'il ne lui avait pas été permis de leur adresser publiquement la parole sainte, lors de son dernier passage parmi eux. Ainsi c'est à la persécution dont il était sans cesse l'objet de la part de la secte janséniste que nous devons ce beau spécimen écrit de son éloquence apostolique. Les premières lignes de la lettre le disent d'ailleurs clairement. Il obtint de la faire imprimer à Rennes même, pour la répandre et continuer, par ce moyen, à prêcher en tous lieux l'amour de la croix.

De Rennes il poursuivit sa route par Avranches et Saint-Lô. D'abord mal reçu dans cette ville, il y revint peu après et, grâce à l'intervention de quelques amis, se fit autoriser à donner à l'hôpital une retraite qui se transforma bientôt en une mission générale dont voulut profiter la ville entière. « Quel est donc cet étranger, se demandait-on avec étonnement, qui vient d'arriver en notre ville, n'ayant en main qu'un bâton, et qui se fait suivre avec tant d'empressement? » Et la foule se pressait autour de sa chaire, toujours plus nombreuse, toujours plus avide de le voir et de l'entendre. Il n'étonnait pas seulement par sa vertu, mais encore par sa science théologique. Dans des conférences publiques il eut, en effet, à répondre, sans préparation, à plusieurs docteurs qui avaient résolu de l'embarrasser par leurs objections subtiles ; mais le prédicateur répondit à tout et à tous avec précision et solidité, de manière à exciter l'admiration générale.

En souvenir de cette mission de Saint-Lô, il planta une belle croix sur une petite colline, aux portes de la ville, et y établit sa chère dévotion du *rosaire*. Puis, passant par Caen, il se rendit à Rouen directement et presque d'une seule traite. Le jour où l'apôtre pèlerin entra dans cette ville, il fit six lieues à pied, à jeun, le corps ceint d'une chaîne de fer et portant des bracelets de fer aux bras... Il était si épuisé de fatigue, quand, sur l'heure de midi, il frappa à la porte de son ami, M. Blain, que celui-ci eut peine à le reconnaître.

Nous avons dit précédemment que M. Blain était pour Montfort un ami de collège et de séminaire, un sincère admirateur de ses vertus. Sans les notes défavorables des sulpiciens, de M. Leschassier en particulier, sur la conduite *extraordinaire* de son cher et vénéré condisciple, il est à croire qu'il se serait attaché à sa personne, pour partager ses travaux apostoliques. Montfort comptait sur lui pour sa *compagnie de missionnaires*, et le voyage qu'il avait entrepris n'avait évidemment d'autre but que de le décider à le suivre. Mais sur ce point le zèle de M. Blain s'était considérablement refroidi. Au cours de l'entretien qu'ils eurent ensemble et dont celui-ci nous a conservé une relation très intéressante, il se fit l'écho de tout ce qu'il avait entendu dire de lui et contre lui, discuta amicalement la *singularité de ses manières, de sa vie si pauvre, si dure, si abandonnée à la Providence...*, ajoutant qu'il ne pourrait jamais trouver personne qui voulût le suivre dans cette voie si sublime, trop difficile pour le commun des mortels. Dans toutes ces objections de l'amitié qui se récuse on voit percer les artificieuses critiques des jansénistes et de tous ces chrétiens aux idées étroites qui, de près ou de loin, subissaient alors leur influence néfaste. Pour toute réponse, Montfort montra à son interlocuteur son *Nouveau Testament*, en disant que sa conduite n'était, après tout, qu'une imitation de celle de Notre-Seigneur Jésus-Christ et de ses apôtres, dont la vie fut *un scandale et une folie aux Juifs et aux Gentils...* que chacun était libre de suivre une voie moins laborieuse ; mais que la sienne n'en était pas moins la plus courte, la plus sûre, la plus parfaite.

« Dans cette circonstance, il m'avoua aussi, dit M. Blain, que Dieu le favorisait d'une grâce fort particulière, qui était *la présence continuelle de Jésus et de Marie dans le fond de son âme.* » Il ne s'en explique pas davantage ; mais il a fait une allusion manifeste à cette faveur mystérieuse dans ce couplet d'un de ses plus beaux cantiques à la sainte Vierge :

> Voici ce qu'on ne pourra croire :
> *Je la porte au milieu de moi*
> Gravée avec des traits de gloire,
> Quoique dans l'obscur de la foi.

Montfort se reposa deux ou trois jours à Rouen, portant partout où il alla l'édification par son maintien ou sa parole d'apôtre et de saint. Au bout de ce temps, voyant qu'il n'obtiendrait pas de son ami ce qu'il en avait espéré, il prit congé de lui et repartit pour la Rochelle.

De ce retour nous ne connaissons que vaguement l'itinéraire et les diverses étapes : les historiens n'en ont rapporté que quelques épisodes sans préciser ni le lieu ni le temps.

A son départ de Rouen, il prit passage sur *le coche d'eau,* dit Clorivière, c'est-à-dire un bateau, qu'on nommait *la Bouille,* et que M. Blain appelle *une véritable arche de Noé, remplie de toutes sortes d'animaux,* indiquant ainsi en quelle compagnie se trouva momentanément notre saint voyageur. Parmi les deux cents passagers, les uns chantaient, les autres jouaient, blasphémaient ou tenaient les propos les plus libres. Montfort, qui était apôtre partout, avait là une belle occasion d'exercer son zèle; il n'eut garde d'y manquer. Il entreprit de faire réciter le *rosaire* à cette étrange assemblée. Sa proposition est accueillie par un immense éclat de rire. Il la renouvelle; on rit encore plus fort. Mais bientôt l'air de sainteté qui rayonnait de toute sa personne triompha de ces esprits légers et railleurs et finit par s'imposer avec un tel empire, que tous récitèrent le *rosaire* en entier avec lui, et furent ensuite captivés par ses pieux entretiens jusqu'à la descente du bateau.

Il n'y a que les saints pour jouer de pareils tours au démon.

Chemin faisant, un samedi, il s'arrêta pour célébrer la sainte messe dans une église de campagne, et fut invité par le curé à prêcher, le lendemain dimanche, qui était le vingt et unième après la Pentecôte. Le missionnaire accepta, prêcha sur l'évangile du jour, mais avec une telle onction et une telle édification, que tous ses auditeurs fondaient en larmes. Le curé, à qui il ne s'était pas fait connaître, insista pour savoir qui il était; mais l'homme de Dieu se contenta de lui répondre :

Je suis un pauvre prêtre qui cours par le monde dans l'espoir de gagner quelque pauvre âme par mes discours et mes travaux, avec le secours de la grâce de mon bon Maître. Puis il le salua et continua sa route.

Montfort voyageait ordinairement en silence et la tête découverte, par respect pour la présence de Dieu ; il méditait et priait sans cesse, les yeux fixés sur son crucifix, qu'il portait toujours à la main.

A trois lieues de Nantes, le frère Nicolas, son compagnon de route, se trouva tellement épuisé de fatigue, qu'il ne pouvait presque plus marcher. Le charitable père s'offrit à le porter sur son dos ; mais le pauvre frère s'y refusa et ne voulut accepter que l'appui de son bras. Et encore était-il tout honteux de ce secours, quand aux abords de la ville ils commencèrent à rencontrer un plus grand nombre de personnes. « Mon père, que dira tout ce monde ? disait-il à son pieux conducteur. — *Mon fils,* répondait Montfort, *que dira le bon Jésus qui nous regarde ?...* »

Après un court séjour à Nantes et un dernier voyage à Rennes, il rentra enfin, en novembre 1714, dans le diocèse de la Rochelle. Il y avait environ trois mois qu'il l'avait quitté et il avait parcouru trois cents lieues, au moins, durant ce laps de temps.

CHAPITRE XVI

(1714-1715)

La conversion des pécheurs, le soin des pauvres malades et l'éducation des enfants, tels furent les trois objets de l'apostolat de Montfort. Or cet apostolat, il le continue encore de nos jours par trois grandes institutions réunies autour de sa tombe, à Saint-Laurent-sur-Sèvre, comme une triple couronne de gloire et d'immortalité : par sa compagnie de *Missionnaires* qui, à sa suite, vont réveiller la foi dans les villes et les campagnes ; par sa congrégation de *Vierges*, formées à l'école de la divine sagesse pour l'instruction des jeunes filles et le soulagement de toutes les infirmités humaines ; par son institut de *Frères* voués à l'éducation chrétienne de l'enfance et dont vingt diocèses recueillent les bienfaits [1].

[1] Mgr Freppel (*Discours prononcé aux fêtes de la Béatification*).

Nous avons déjà dit précédemment les tentatives du Bienheureux pour se survivre dans son apostolat près des pécheurs et des pauvres malades ; nous en reparlerons encore dans la suite. L'ordre chronologique des faits nous amène à dire, maintenant, quelques mots de ce qu'il fit pour réaliser son troisième projet en faveur de l'éducation chrétienne de l'enfance, par l'établissement des *écoles charitables*, et la formation d'une société de maîtres dignes et capables de remplir cette délicate fonction.

Durant toutes ses missions, il s'occupa avec prédilection des petits enfants. « Partout où il faisait la mission, dit Clorivière, un de ses principaux soins était de pourvoir les paroisses de bons maîtres et de bonnes maîtresses d'école, disant que c'était là que les enfants, comme de tendres arbrisseaux, ayant été taillés et cultivés avec soin, devenaient, dans la suite, propres à porter de bons fruits. » Il chargeait le frère Mathurin de leur faire l'école et de leur apprendre le catéchisme, « ce dont il s'acquittait *avec beaucoup de bénédiction,* » ajoute l'historien Grandet. Plus tard, il associa au frère Mathurin les nouveaux collaborateurs que la Providence lui envoya. Mais ce n'était encore que des essais.

Lorsqu'il revint à la Rochelle, en 1714, il s'occupa d'organiser d'une manière plus durable et plus pratique le fonctionnement des écoles charitables. Mgr de Champflour approuva, encouragea l'entreprise, et y contribua même de ses deniers.

Les écoles de garçons furent ouvertes les premières. M. Montfort y établit trois (ou quatre) maîtres à la tête desquels il mit un prêtre qui devait veiller sur leur conduite, dire la messe aux enfants et les confesser au moins tous les mois.

« Le prudent missionnaire entra dans les plus petits détails de l'organisation, comme si toute sa vie il eût été employé à gouverner des enfants. Il voulut que la longueur de la classe surpassât un peu la largeur; que la chaire du maître fût placée dans le fond; que vis-à-vis il y eût un banc plus élevé que les autres, qu'il nomma le banc des *séraphins*. Là devaient être les enfants qui auraient fait leur première communion ou qui seraient plus avancés que les autres.

« De chaque côté, il devait y avoir quatre autres bancs, auxquels il donna le nom des autres *chœurs angéliques*, sur lesquels les enfants seraient placés, chacun à son rang, selon son âge et sa capacité. Les bancs étaient en amphithéâtre, afin que le maître pût voir d'un seul coup d'œil toute sa petite troupe, et que rien ne se passât sans qu'il en eût connaissance.

« Pendant le séjour qu'il fit alors à la Rochelle, et dans l'intervalle de ses missions, Montfort venait tous les jours aux petites écoles, pour styler les maîtres et les élèves à sa méthode d'enseigner. La bénédiction que le Seigneur avait coutume de verser sur toutes ses œuvres parut sensiblement dans celle-ci. Toute la ville fut surprise du prompt changement qui se fit, par ce moyen, dans le peuple. Les enfants, constamment occupés et retenus, étaient devenus l'édification de ceux dont ils étaient le fléau. »

Ainsi parle Clorivière.

Quelques temps après, Montfort fit venir de Poitiers sœur Marie-Louise de Jésus et sœur de la Conception, et les chargea de diriger l'école des filles.

« Il voulait, ajoute Grandet, que les maîtres fussent habillés de noir, au moins en soutanelles, pour leur faire porter plus de respect, et les maîtresses vêtues d'une grande coiffe (cape), qui les prît depuis la tête jusqu'aux pieds. » L'école était entièrement gratuite[1].

[1] En admettant dans sa *compagnie* quelques frères laïques pour l'aider dans ses missions, et aider aussi, plus tard, ses successeurs, Montfort, d'après l'histoire évidente, leur avait assigné un double but : le travail manuel et l'instruction de l'enfance.

Peu de temps après la mort du Bienheureux, une école était établie à Saint-Laurent-sur-Sèvre. Le frère Jacques en eut la direction et, après lui, le frère Joseau. Les *frères du Saint-Esprit* (c'est ainsi qu'on appelait alors indistinctement les frères de classe et les frères de travail manuel) continuèrent à remplir ce poste de dévouement après comme avant la Révolution. Ils y étaient encore, en 1821, lorsque le P. Deshayes, curé d'Auray, en Bretagne, fut nommé supérieur des communautés du *Saint-Esprit* et de *la Sagesse*. Le nouveau supérieur fut l'homme choisi de Dieu pour réorganiser l'œuvre fondée par le B. Montfort, ayant pour but l'éducation chrétienne de l'enfance. Cette œuvre périclitait, par suite du petit nombre des frères consacrés à l'enseignement. En venant à Saint-Laurent, le P. Deshayes amena avec lui quelques nouvelles recrues qui augmentèrent le nombre des frères du Saint-Esprit. Dès lors, sous son impulsion, l'œuvre des écoles fut renouvelée et prit bien vite un merveilleux accroissement. Aussi bien, en 1825 et en 1830, songea-t-on à donner aux frères enseignants de la communauté du Saint-Esprit une sorte d'autonomie spéciale, tout en les maintenant néanmoins sous la dépendance du supérieur général, comme par le passé. Mais bientôt *la maison du Saint-Esprit* était devenue insuffisante, il fallut essaimer. On décida alors que les frères de l'instruction iraient habiter une autre demeure qui appartenait aux sœurs de la Sagesse et qui se trouve à l'entrée de leur établissement actuel. Le nombre des émigrants fut de trente-trois, y compris un certain nombre de frères de travail manuel à qui le R. P. Deshayes laissa la facilité de suivre les autres.

Cette séparation se fit en 1835.

En entrant dans leur nouvelle demeure, les frères lui donnèrent, par reconnaissance, sans doute, le nom même du P. Deshayes, à qui ils devaient leur réorganisation. Ils l'appelèrent *Saint-Gabriel*, nom qui leur fut bientôt donné à eux-mêmes, pour les distinguer de leurs frères qui continuaient à habiter la *maison du Saint-Esprit*, et en conservèrent le titre. « Ces derniers, dit le R. P. Fonteneau, connus dans le public sous leur nom primitif, ont pris, à leur tour, le nom de *frères coadjuteurs de la Compagnie de Marie*, quand cet institut, ainsi que celui de la Sagesse, fut approuvé par le Saint-Siège. Mais les uns comme les autres, en changeant de nom ou de demeure, n'ont point pour cela changé d'origine ; ils sont toujours demeurés les enfants du B. Montfort. »

Bénis par la divine Providence, les *Frères de Saint-Gabriel* sont devenus

Le même auteur nous indique aussi (détail fort intéressant) comment était réglé l'enseignement dans les
écoles charitables instituées par le Bienheureux. C'était
une sorte d'enseignement mutuel. « Tous les enfants
d'un même banc, dit-il, avaient le même livre et disaient

Portrait du Bienheureux.

la même leçon, tous à la fois. Le premier était obligé
de reprendre le second, quand il manquait, et le second
le troisième; ainsi de suite. Par cette méthode, souvent
un maître ayant cent cinquante écoliers n'était pas plus

aujourd'hui une communauté florissante, et complétement séparée des deux
autres, dans son administration; mais ils sont toujours unis aux Pères et
aux Frères du Saint-Esprit et aux Sœurs de la Sagesse par ces liens de
douce et pieuse confraternité auxquels se reconnaissent les enfants d'un
même père.

embarrassé que s'il n'en avait eu qu'une douzaine.

« Le maître les menait à la messe en chantant des cantiques... Tous ensemble disaient le chapelet de cinq dizaines, tous les jours, en l'honneur de la sainte Vierge, après la classe. »

Nous nous attardons avec complaisance sur tous ces petits règlements si sages, si pratiques, si éminemment moralisateurs. On croirait volontiers, en les lisant, que le Bienheureux qui les a édictés avait la prévision de ces écoles sans Dieu, et partant sans morale, organisées à grands frais par l'impiété satanique de notre époque, et qu'il essayait déjà, selon son pouvoir, d'en prévenir les funestes ravages.

A ce titre, assurément, le Bienheureux Montfort mérite d'être compté comme un insigne bienfaiteur de l'enfance, à côté du Bienheureux Jean-Baptiste de la Salle, son contemporain.

La fondation des écoles charitables de la Rochelle n'empêchait pas le saint missionnaire de continuer ses prédications dans le diocèse.

Au fort de l'hiver 1714-1715, il reprit le cours de ses missions en allant évangéliser Fouras, petit port à l'embouchure de la Charente. Il n'y put trouver d'autre abri pour lui et ses collaborateurs qu'un vieux galetas mal clos, où la neige tombait, par la couverture, jusque sur leurs lits. De plus, les gens du pays, insensibles à ce qu'on faisait pour eux, les laissaient manquer de tout, de sorte que le pauvre missionnaire se vit obligé d'emprunter quelque argent pour vivre au milieu d'eux. Cet héroïsme de la charité, joint à tant de privations, eut enfin sa récompense. Dieu toucha ces cœurs endurcis, qui semblaient même fermés aux sentiments de la pitié la plus vulgaire. Ils entendirent la parole du salut, et, par leur conversion sincère, consolèrent l'apôtre des peines qu'ils lui avaient causées au début.

A l'île d'Aix, où il passa ensuite, le zèle de Montfort obtint les succès les plus merveilleux. En quinze jours, l'île entière fut renouvelée. Ce qui caractérisa surtout cette mission, ce fut la soif d'expiations qu'il sut mettre au cœur de tous ceux qui en suivirent les exercices, et notamment des soldats de la garnison. « Montfort, dit Clorivière, ne pouvant fournir des instruments de pénitence à tous ceux qui désiraient en avoir, se vit dans la nécessité d'aller de porte en porte quêter des cordes, pour en faire des disciplines aux soldats qui n'avaient pas le moyen de s'en procurer. Et plus d'une fois, pendant la nuit, on en trouva plusieurs, derrière l'église, qui, à la faveur des ténèbres, se macéraient le corps en poussant des sanglots et en demandant pardon de leurs péchés. »

En vérité, n'est-ce pas encore un trait de l'histoire religieuse du *moyen âge,* que nous venons de raconter? Non; le fait s'est passé dans ce *XVIIIe siècle,* si fameux par son impiété et son immoralité. Et voilà pourtant ce que peuvent le zèle et les entraînants exemples d'un saint, aidés et bénis par la grâce de Dieu!

A peine de retour sur le continent, sans prendre un instant de repos, l'infatigable ouvrier apostolique commence une mission dans la paroisse de Saint-Laurent-de-la-Prée, près de Fouras, et lui adjoint une paroisse voisine, afin de les évangéliser toutes les deux à la fois. Là, comme à Fouras, la rigueur de la saison, la disette, l'indifférence des habitants, tout contribua d'abord à l'éprouver, lui et ses collaborateurs. Mais, là aussi, son ardente et persévérante charité réussit à fondre la glace des cœurs et à les embraser de l'amour de Notre-Seigneur Jésus-Christ.

On se fera peut-être une idée de ce qu'était cette population, sous le rapport religieux, avant l'arrivée du missionnaire, quand nous aurons dit que le cimetière était devenu un lieu de pâturage libre pour les animaux, que les cultivateurs se servaient de l'église comme d'une grange commune, pour battre et serrer leurs récoltes... L'homme de Dieu, dont la foi était aussi vive que la charité, fit cesser des abus si monstrueux, et sut inspirer à ces esprits grossiers le religieux respect qu'il professait lui-même pour la maison de Dieu et la cité des morts.

Le jour de la *Chandeleur* de cette année 1715, Montfort était de retour à la Rochelle, et il prêcha dans l'église des Jacobins sur les grandeurs de Marie, l'un de ses sujets favoris, qu'il ne manquait jamais de traiter avec une éloquence particulièrement séduisante. Ce fut l'occasion d'un prodige éclatant dont furent témoins ses nombreux auditeurs.

La sainte Vierge voulut, apparemment, glorifier son serviteur de son vivant, en reproduisant alors en sa faveur ce qui est rapporté dans les *Actes* du glorieux martyr saint Étienne. Pendant son discours, il parut, aux yeux de toute l'assemblée, comme un ange du Seigneur. Son visage, pâle et amaigri par ses austérités et ses travaux incessants, devint tout à coup lumineux; il en sortait des rayons de gloire qui lui faisaient une sorte d'auréole et le transfiguraient tellement, que ses amis, malgré leur attention, ne le reconnaissaient plus qu'au son de sa voix.

Cette merveille fit grand bruit dans la Rochelle. Tout

le peuple, vivement impressionné, y vit comme la consécration par le Ciel de la sainteté qu'il se plaisait à
reconnaître dans cet apôtre si charitable et si dévoué
à tous ses intérêts. A dater de ce jour, son respect pour
l'homme de Dieu se changea en vénération.

C'est durant ce séjour à la Rochelle que Montfort
s'adjoignit un premier compagnon de son apostolat, et
jeta, par le fait, les fondements de sa *Compagnie de
Marie*. Ce compagnon était un jeune prêtre originaire
du diocèse de Coutances : il se nommait Adrien Vatel.
Il est de notre devoir de raconter ici avec quelques
détails la vocation de ce premier disciple de Montfort.

M. Vatel, ancien élève du séminaire du Saint-Esprit,
à Paris, se croyait appelé par la Providence aux missions étrangères, et il était venu à la Rochelle avec
l'intention de s'y embarquer pour les Indes. Mais Dieu
ne l'avait amené jusque-là que pour lui montrer sa vraie
voie, qui était de suivre Montfort. Il entra, comme par
hasard, dans l'église des religieuses de la Providence,
où prêchait alors le saint missionnaire, et, au moment
où il faisait intérieurement certaines réserves sur le
mérite du prédicateur, il entendit celui-ci s'écrier avec
force : *Il y a ici quelqu'un qui me résiste ; je sens que la
parole de Dieu me revient ; mais il ne m'échappera pas !*

M. Vatel se sentit visé par ces paroles. C'était comme
un premier appel de la grâce. Aussi, quand après le
sermon il alla saluer Montfort à la sacristie, il ne put
résister à cette invitation de l'homme de Dieu, qui
ressemblait à un ordre d'en haut : *Il faut que vous
veniez avec moi ; nous travaillerons ensemble.* Il céda.
Au calme qui se fit dans son âme, après cette décision
prise, le jeune prêtre reconnut bien vite qu'il avait

trouvé sa voie, la voie où Dieu voulait qu'il marchât.

M. Vatel s'attacha dès lors aux pas de celui qu'il s'était donné comme supérieur, partagea ses travaux, et les continua, trente ans après que la mort l'eut privé de sa direction et de ses conseils. Il eut ainsi la gloire de s'être, le premier, enrôlé dans sa *Compagnie* d'une manière constante; car, ainsi que le fait justement remarquer Clorivière, M. des Bastières et les autres prêtres séculiers ou réguliers qui l'avaient secondé jusque-là conservaient vis-à-vis de lui toute leur liberté [1].

Avec ce premier disciple Montfort partit pour Taugon-la-Ronde, et de là pour Saint-Amand-sur-Sèvre.

Les missions qu'ils donnèrent ensemble dans ces deux paroisses furent bénies de Dieu et produisirent d'excellents résultats.

A Taugon, l'homme de Dieu établit deux confréries : une pour les hommes, sous le nom de *Pénitents*

---

[1] M. Vatel ne fut pourtant pas le supérieur de la congrégation naissante, à la mort du Bienheureux. Cet honneur était réservé à M. Mulot, dont nous parlerons bientôt. M. Mulot fit pour les *Pères du Saint-Esprit* ce que M. Deshayes devait faire plus tard pour les *Frères enseignants* de la même société : il les organisa en congrégation régulière, d'après les règlements laissés par Montfort, règlements qui furent modifiés et complétés dans la suite, selon le besoin. MM. Vatel et Mulot n'étaient liés par aucun vœu de religion, quand Dieu rappela à lui son fidèle serviteur; mais ils avaient été les confidents de sa pensée, touchant l'établissement de sa *compagnie*. C'était un germe précieux dont ils favorisèrent le développement et la croissance avec un filial et généreux dévouement.

M. Mulot peut donc, à juste titre, être considéré comme *le second fondateur* des missionnaires de la Compagnie de Marie. Et c'est pour cela qu'on les désigna longtemps sous le nom de *Mulotins*. Cette société, qui est aujourd'hui florissante, sans avoir atteint toutefois le même degré de prospérité que celle des *Sœurs de la Sagesse* et des *Frères de Saint-Gabriel*, s'est toujours fait remarquer par sa fidélité à suivre les pieuses traditions et les saines doctrines de son bienheureux fondateur. Elle a même été, pour cette cause glorieuse, plusieurs fois menacée dans son existence; mais elle n'a rien à craindre, si Montfort combat pour elle et avec elle dans le séjour des bienheureux.

blancs; l'autre pour les jeunes filles, sous le nom de *Société des Vierges.* Le but de la première, comme l'indique son nom même, était d'engager ceux qui en faisaient partie à mener une vie pénitente et mortifiée. Quatre fois l'année, d'après leur règlement, les confrères sortaient en procession solennelle, « les pieds nus et habillés de blanc. » La société des Vierges, elle, avait pour but d'honorer spécialement Marie sous le titre de *Reine des Vierges.* Les jeunes personnes qui la composaient devaient être *quarante-quatre* seulement; on n'en admettait de nouvelles que pour combler les vides faits par celles qui la quittaient pour entrer dans l'état du mariage, ou qui étaient enlevées par la mort. Elles faisaient le vœu de virginité pour un an, avaient des réunions et une chapelle spéciales, récitaient le chapelet tous les jours. Elles aussi, quatre fois l'an, aux principales fêtes de la très sainte Vierge, paraissaient en corps à l'église de la paroisse, sous un vêtement blanc, et, à la procession, elles faisaient cortège à la blanche statue de leur *Reine,* qui était portée triomphalement par quatre d'entre elles.

Ces deux confréries furent aussi établies, plus tard, par le Bienheureux à Fontenay-le-Comte, à Saint-Pompain et à Saint-Laurent-sur-Sèvre, où elles subsistèrent longtemps, à la grande édification du peuple.

A la mission de Saint-Amand-sur-Sèvre, Montfort eut à combattre des préjugés superstitieux les plus déplorables et les plus nuisibles au bien qui s'étaient enracinés dans cette paroisse. Dans tout accident, infirmité ou maladie, on se croyait invariablement victime d'un maléfice ou d'un *sort,* pour employer le mot consacré; et, ce qui est plus triste, dans la plupart de ces cas, de prétendus médecins et devins tout à la fois, consultés par les intéressés, allaient jusqu'à désigner certains habitants, souvent des voisins et des amis, comme étant les auteurs de ces *sorts*. Qu'en résultait-il? On le devine sans peine. Il en résultait d'abord la défiance, puis des divisions et parfois des inimitiés irréconciliables. Le saint missionnaire réussit à leur faire comprendre comment le démon abusait ainsi de leur crédulité, au grand détriment de leurs intérêts spirituels et temporels, et ces graves abus cessèrent à peu près totalement.

D'après la tradition locale, son zèle pour faire fleurir en ce lieu la charité chrétienne fut récompensé par deux apparitions de la très sainte Vierge, l'une dans sa chambre, l'autre à l'église.

On conserve encore, dans l'église de Saint-Amand, une statuette en bois, figurant la sainte Vierge tenant dans ses bras l'enfant Jésus, que l'on croit être l'œuvre même de ce grand serviteur de Marie, et qui, pour cette raison, est l'objet de la plus grande vénération.

Tous les travaux ininterrompus auxquels s'était livré Montfort avaient fini par épuiser ses forces. Il se vit donc forcé d'accorder à la nature quelques jours de repos. Ce repos il alla le prendre à la Séguinière, dans une pieuse famille dont il avait plusieurs fois déjà refusé les invitations. Mais il l'abrégea autant qu'il put, et trouva moyen de le faire servir à la glorification de *Notre-Dame de toute Patience,* en l'honneur de laquelle il organisa une procession mémorable à son sanctuaire restauré.

Au bout de huit jours, il quittait la Séguinière, et allait donner une mission à la paroisse de Mervent. L'église du lieu était dans un tel état de délabrement, qu'en la voyant le missionnaire ne put retenir ses larmes. Il y avait là une double réparation à faire; car dans l'église spirituelle, aussi bien que dans l'église matérielle, bien des ruines étaient amoncelées. Tout autre courage que le sien eût reculé devant une pareille entreprise. Mais lui l'aborda sans hésiter, et eut la gloire de la mener à bonne fin, en moins de deux mois.

Toutefois ce n'est pas seulement cette double restauration qui a rendu impérissable son souvenir à Mervent, c'est encore et surtout *la grotte* qu'il se choisit au sein de la forêt voisine.

De même que les navigateurs au long cours ont, de distance en distance, des ports de ravitaillement, où ils s'arrêtent pour renouveler leurs provisions de voyage, ainsi, dans les différentes provinces qu'il évangélisa, Montfort aimait à se choisir des lieux de repos et de silence où il renouvelait ses provisions de zèle, de ferveur et de grâce, pour travailler ensuite plus efficacement au salut des âmes. Mais de tous les *ermitages* qu'il habita aucun n'est resté aussi célèbre que sa *grotte de Mervent*. Aucun peut-être ne mérite autant de l'être.

Tous ceux qui connaissent la forêt de Mervent comprendront sans peine ce que dut éprouver l'âme méditative et poétique de Montfort, lorsqu'au mois de juin ou de juillet 1715, il vit, pour la première fois, cette ombreuse et vaste solitude, si propice au recueillement, à la contemplation, à la prière. Écoutons-le plutôt lui-même nous chanter ses impressions :

> Loin du monde, en cet ermitage,
> Cachons-nous pour prier Dieu.
> *Peut-on trouver un lieu*
> *Où la grâce ait plus d'avantage?...*

Nous n'entreprendrons pas ici de faire une description de cette belle forêt de Mervent et de Vouvant avec ses sites pittoresques et charmants, avec ses grands arbres dont les cimes verdoyantes et touffues ondulent majestueusement sur les pentes et les monticules qu'elles recouvrent, et qui, vues d'un point élevé et à distance, ressemblent aux vagues immenses d'une mer soulevée par la tempête. Quelles ombres délicieuses inclinent ses hautes futaies sur le promeneur qui égare ses pas dans le dédale de ses sentiers ! Quelle douce fraîcheur y entretient ce petit ruisseau de *la Mère*, affluent de la *Vendée*, dont les claires ondes tantôt se précipitent en gazouillant à travers les divers obstacles qui encombrent son lit resserré, tantôt semblent s'attarder complaisamment et dormir au pied d'une roche grisâtre ou sous les ombrages enchanteurs d'un fourré peuplé d'oiseaux! Seul, le pinceau habile d'un paysagiste, et non la plume d'un historien, peut donner une idée de ces sites superbes, de ces rochers se dressant à perte de vue, de ces massifs de grands bois, de ces précipices effrayants, de tout cet ensemble de splendeurs naturelles dominé par des restes de constructions séculaires, qui ont valu à Mervent et à ses alentours le surnom mérité de *petite Suisse vendéenne*.

En vérité, ces lieux ravissants étaient bien faits pour captiver et retenir Montfort. Il résolut donc de s'y ménager une petite solitude.

Obligé d'abandonner une première retraite qu'il trouvait d'un accès trop difficile, il découvrit, à travers les broussailles, une grotte assez spacieuse creusée naturellement dans le flanc d'une roche abrupte, nommée *la Roche aux faons*. C'est là qu'il se fixa d'une manière définitive.

Le lieu était charmant : en bas coulait le ruisseau;
à mi-côte, une source limpide. Le Bienheureux nous

Grotte de Mervent.

en a, d'ailleurs, laissé la description dans ses *Adieux
au monde* :

> Voici des bois et des coteaux,
> Une fontaine et des ruisseaux,
> Une grotte, loin des hameaux...
> Laisse-moi, monde, en mon repos !

Je vais ici faire oraison
Sans trouble et sans distraction,
Et vivre en récollection :
Laisse-moi, monde, en ma prison !

Je vais dire trois chapelets,
Chaque jour, entiers et complets,
Et chanter quelques saints couplets
Contre le monde et ses excès.

Va, monde, ne me cherche plus ;
Je suis solitaire et reclus,
Avec Marie, avec Jésus,
Adieu, monde et tous tes abus !

Ces couplets nous indiquent quelles étaient les occupations de Montfort dans ce nouvel ermitage : il méditait, il priait, il se mortifiait, il composait des cantiques, il chantait.

Cependant, après un court séjour dans sa grotte, le pieux solitaire reconnut que sa santé ne tiendrait pas, la nuit surtout, contre la violence des vents du nord auxquels cette grotte, toute grande ouverte, se trouvait exposée. Il songea à s'en garantir par la construction d'un mur qui lui servirait de rempart, preuve évidente qu'il avait l'intention de faire de longs et fréquents séjours en ce lieu. Les habitants de Mervent, **dont il** venait de relever l'église, lui prêtèrent un concours empressé pour l'exécution de ce travail. La grotte fut approfondie pour recevoir le modeste ameublement du solitaire : une couchette, une table et une chaise. Un jardin fut tracé au-dessus de la grotte, tandis que, plus bas, on creusait une petite fontaine pour retenir les eaux de la source.

Montfort avait aussi le dessein d'élever là un calvaire et de faire pratiquer un chemin direct, de la route de Fontenay au *moulin de Pierre-Brune,* et donnant accès à son ermitage. Mais, bien qu'il se fût nanti d'une permission à cet effet, il fut empêché de donner suite à son projet par les tracasseries de l'administration forestière. Sur la remontrance du procureur du roi, Jehan de la Haye, accusant Montfort d'avoir déraciné quelques souches de châtaigniers pour la construction de son mur, Charles Moriceau, seigneur de la Cheusse, *maître particulier de la maîtrise des eaux et forêts* de Fontenay-le-Comte, dressa contre lui procès-verbal, et le contraignit à arrêter ses travaux (28 octobre 1715).

En combinant les renseignements fournis par le procès-verbal dont nous venons de parler, et ceux que nous donnent les historiens de Montfort, on trouve que le saint missionnaire a séjourné dans son ermitage de Mervent à trois époques différentes, mais assez rapprochées : à savoir, en juin, septembre et octobre 1715; c'est-à-dire pendant la mission de Mervent, après celle qu'il donna ensuite à Saint-Jean-de-Fontenay, et pendant celle de Vouvant[1].

---

[1] La grotte du B. Montfort à Mervent est toujours le rendez-vous de nombreux pèlerins. Parmi les pèlerinages célèbres, dans ces derniers temps, nous mentionnerons celui du 8 septembre 1873, où Mgr Colet fut accompagné de huit mille pèlerins, et celui du 21 mai 1875, présidé par Mgr Lecoq et où ce chiffre fut au moins doublé.

Dans l'intérieur de la grotte, on remarque deux statues : l'une représentant la sainte Vierge, assurément bien à sa place dans un lieu où, d'après la tradition, la Reine du ciel apparut à son dévot serviteur, et l'autre, le B. Montfort lui-même. Cette dernière statue, en terre cuite, attribuée à une religieuse de la Sagesse, se trouvait précédemment dans une communauté de la Châtaigneraie; elle fut placée dans la grotte, en 1843, par les soins de M. l'abbé Hérault, curé de Mervent. On lui a mis sur la tête une petite barette en drap noir et une étole au cou.

En 1870, une croix de mission a été élevée, au centre du jardin du Bienheureux, par la paroisse de Mervent. — En 1877, M. Biré, aujourd'hui sénateur de la Vendée, a fait placer au-dessus de la grotte une seconde statue en pierre, due au ciseau de M. Renaud-Bizet, de Luçon. — En 1882, un chemin de croix a été érigé dans le jardin, autour du calvaire de Mission. — Enfin, en 1886, un autel en granit, œuvre de M. Métivier, de Fontenay-le-Comte, fut donné par M. Martineau, de Gémonville, pour compléter l'ornementation de la grotte et permettre d'y offrir le saint sacrifice de la messe.

CHAPITRE XVII

(1715-1716)

En parlant précédemment de l'établissement des *écoles charitables* à la Rochelle, nous avons dit que Montfort fit venir de Poitiers sœur Marie-Louise de Jésus et sœur de la Conception pour leur confier la direction de celles des filles.

Mais le départ de Poitiers des pieuses jeunes filles ne se fit pas sans difficultés. Tant de liens restaient encore à rompre entre elles et le monde ! Sœur Marie-Louise de Jésus, en particulier, vit s'élever mille obstacles qui eussent fait reculer un courage moins ferme que le sien. Sa mère lui fit entendre la voix de la nature ; les administrateurs de l'hôpital, celle de l'intérêt ; et certaines personnes bien intentionnées, celle de la piété ; en un mot, toutes se réunissaient pour la retenir à Poitiers. La voix de Dieu, néanmoins, parla plus fort que toutes les autres et fut seule obéie.

Montfort se trouvait en pleine mission, à Taugon-la-Ronde, quand les deux *filles de la Sagesse* arrivèrent à la Rochelle et y furent reçues par l'évêque. Il n'était donc pas là pour les diriger et s'occuper de leur installation. Ce fut une première épreuve. L'homme de Dieu se contenta de leur envoyer, par un frère, un petit billet qui contenait quelques avis pratiques, où il leur disait, entre autres choses : *Nommez-vous la communauté de la Sagesse pour l'instruction des enfants et le soin des pauvres.*

Dès que la mission fut terminée, il s'empressa de venir saluer les nouvelles arrivées, dont la situation encore toute provisoire réclamait d'ailleurs sa présence. L'entrevue eut lieu dans une maison de campagne appelée le *Petit-Plessis,* à un kilomètre de la Rochelle. C'est alors qu'il dit à la sœur Marie-Louise de Jésus ces belles paroles :

C'est vous, ma fille, que Dieu a choisie pour être à la tête de cette petite communauté qui ne fait encore que de naître. Dans la lettre que je vous ai écrite en commun, je n'ai fait que vous signifier, en vous nommant la mère supérieure, que c'est la volonté de Dieu qui l'a voulu ainsi. Il vous faut avoir beaucoup de fermeté ; mais la douceur doit l'emporter sur tout le reste. Voyez, ma fille, voyez cette poule qui a sous ses ailes ses petits poussins, avec quelle attention elle en prend soin, avec quelle bonté elle les affectionne ! Eh bien, c'est ainsi que vous devez faire et vous comporter avec toutes les filles dont vous allez désormais être la mère [1].

____

[1] Ces dernières paroles ont inspiré à M. Claudius Lavergne l'une des plus belles pages de l'histoire en peinture qu'a écrite son pinceau d'artiste sur

Chemin faisant, pendant qu'ils retournaient ensemble à la Rochelle, Montfort rappela à la sœur Marie-Louise de Jésus les paroles qu'il lui avait dites en quittant l'hôpital de Poitiers, à savoir, que, *quand bien même il n'y aurait de filles de la Sagesse que dans dix années, la volonté de Dieu serait accomplie. Comptez*, ajouta-t-il, *vous verrez qu'il y a maintenant dix ans que j'avançais cette parole.*

La pieuse fille n'avait point oublié cette prédiction dont elle voyait l'accomplissement. Elle en tira un puissant motif d'attachement à sa sainte vocation et un accroissement de courage et de force contre les difficultés à venir.

Dans cette circonstance, Montfort ne fit qu'une apparition à la Rochelle. Après la mission de Mervent, il y revint passer le mois de juillet et les premières semaines d'août, et c'est alors qu'il donna la dernière perfection à l'établissement des *Filles de la Sagesse.*

Dès son entrée dans la ville, il éprouva une grande joie en apprenant que ses écoles étaient bien suivies et que tout le monde en faisait l'éloge. Il ne put s'empêcher d'en féliciter, le jour même, les maîtres et les maîtresses. *Ce matin*, leur dit-il, *j'ai entendu des petites filles qui, interrogées par leurs compagnes où elles allaient, ont répondu :* « *Nous allons à l'école des Filles de la Sagesse !* » *De quelle consolation mon cœur a été pénétré en entendant prononcer le beau nom*

les magnifiques verrières de la chapelle de la Sagesse. Le peintre a rendu cette scène gracieuse d'une manière si vivante et si charmante que l'œil, à défaut des oreilles, perçoit et entend, pour ainsi dire, cette leçon de charité et de vigilance maternelles, et demeure captivé par l'expression ravissante des personnages.

*que vous portez ; mais quelle gloire si vous avez soin
de toujours en remplir la signification !*

Le saint fondateur profita de ces instants pour augmenter le nombre de ses filles, en leur adjoignant deux ou trois nouvelles compagnes, et pour mettre la dernière main à leur règle. Lorsqu'il l'eut transcrite à nouveau, il la remit entre les mains de la sœur Marie-Louise de Jésus en disant : *Recevez, ma fille, cette règle ; observez-la et faites-la observer à celles qui seront sous votre conduite.* La sœur tomba à genoux, et la reçut comme le présent le plus précieux qu'on eût pu lui faire. Cette règle est, en effet, un chef-d'œuvre et un véritable trésor de sagesse et de piété. Un homme aussi savant que pieux ne put s'empêcher de s'écrier, après l'avoir lue : « Quiconque gardera cette règle, sera un ange ! »

Montfort, mettant à profit le peu de jours qui lui restait à passer auprès de ses filles, aimait à les visiter souvent pour leur inculquer le véritable esprit religieux et les stimuler dans les voies de la perfection. Dans un de ces entretiens elles le virent un jour s'arrêter tout à coup, et, comme transporté hors de lui-même, s'écrier avec ravissement : *Mes filles, Dieu me fait, en ce moment, connaître des choses admirables : Je vois, dans les secrets divins, une pépinière de filles de la Sagesse !*

Cette vision de l'homme de Dieu n'était point un leurre ni une illusion. On sait aujourd'hui si elle a été réalisée au delà de toute espérance [1].

---

[1] A la fin de l'année 1892, le nombre des religieuses de la Sagesse s'élevait à *quatre mille trois cents*. La congrégation possède des établissements dans les deux mondes. Elle compte en France *trois cent trente-sept* maisons, *cent vingt* hôpitaux maritimes, militaires et civils, *dix* asiles publics d'aliénés,

Cependant Montfort avait promis d'ouvrir une mission à Fontenay-le-Comte le 25 août, fête de saint Louis, patron du diocèse de la Rochelle. Pour reprendre son labeur apostolique, il fit donc ses adieux à ses chères *Filles de la Sagesse*, qu'il ne devait plus revoir en ce monde, mais qu'il continua à diriger, par lettres, jusqu'à sa mort.

C'est ainsi qu'il leur écrivait, le 31 décembre : *Je vous souhaite une année pleine de combats et de victoires, de croix, de pauvreté et de mépris.*

« Quel souhait étrange ! ajoute l'historien de la congrégation de la Sagesse. Le monde en sera scandalisé peut-être ; mais le monde était scandalisé aussi quand Jésus-Christ disait : Bienheureux les pauvres ! Bienheureux ceux qui pleurent ! Bienheureux ceux qui souffrent persécution ! Bienheureux ceux qui sont maudits du siècle ! »

Précédé à Fontenay par sa réputation de vertu, le saint missionnaire y fut reçu avec enthousiasme. L'église de Saint-Jean, où il prêcha, se trouva trop étroite pour contenir la foule qui se pressait autour de sa chaire. Il prit alors le parti de diviser son auditoire, en donnant successivement deux missions, la première aux femmes seules et la seconde aux hommes.

Mais un incident, survenu presque au début des exercices, faillit avoir un dénouement tragique pour l'homme de Dieu.

---

deux maisons centrales et d'arrêt, *cent quarante-quatre* asiles de l'enfance, *soixante-deux* ouvroirs, *douze* crèches, *deux cent vingt-cinq* écoles primaires gratuites, externats et pensionnats, etc. etc. — C'est en 1720 que les Filles de la Sagesse vinrent s'installer à Saint-Laurent-sur-Sèvre, près du tombeau de leur fondateur, où se trouve depuis lors la maison mère de la congrégation.

Un soir qu'il se rendait à l'église pour le sermon, il y trouva « un *monsieur* appuyé sur le bénitier, son chapeau sur la tête, qui parlait et ricanait avec un autre ». Cet homme était M. de Ménis, le commandant de la garnison. Montfort, qui ne le connaissait pas, le pria de sortir. Et comme celui-ci s'obstinait à rester, le missionnaire le conjura au moins de se mieux tenir et de ne pas profaner le lieu saint par ses irrévérences. A cet avertissement, le militaire, se croyant insulté, s'emporte, vomit d'affreux blasphèmes, et, portant la main à son épée, le menace de la lui passer au travers du corps. Il se jette, en même temps, comme un furieux sur le missionnaire, qui était tombé à genoux, le saisit à la gorge et le frappe brutalement avec le poing. Aussitôt toutes les femmes présentes se précipitent sur l'officier, en poussant des cris, et l'obligent à lâcher prise. Celui-ci eut beau faire appel à sa garde, il fut, à la fin, forcé de sortir de l'église.

Peu à peu le silence se rétablit dans le lieu saint. Montfort se recueillit un instant, puis commença le sermon sans plus d'émotion que s'il n'était rien arrivé d'extraordinaire. Après l'exercice, il traversa, avec la même tranquillité, le cimetière occupé par les soldats qui cernaient l'église, le sabre au clair. Ceux-ci n'osèrent le toucher; ils ouvrirent leurs rangs devant un bataillon de femmes intrépides qui, malgré lui, voulurent lui faire escorte, pour le protéger en cas de besoin.

Le commandant partit, le soir même, pour l'Hermenault, afin de porter plainte à l'évêque de la Rochelle, qui se trouvait à sa maison de campagne. L'affaire fut même déférée au tribunal; mais, comme il était facile de le prévoir, elle se termina promptement et à l'avantage du saint missionnaire.

Cette mission de Fontenay est demeurée célèbre aussi par une apparition de la sainte Vierge dont Montfort y fut favorisé; par une guérison miraculeuse opérée par lui sur la personne d'une demoiselle Gustan, fille du trésorier de l'église Saint-Jean, qu'il délivra subitement d'une fièvre maligne; et par les soins charitables et assidus dont son zèle entoura les pauvres de la ville. Il les rassemblait, tous les jours, dans l'église de Saint-Nicolas pour les catéchiser, et leur faisait ensuite distribuer d'abondantes aumônes. Un changement extraordinaire s'opéra parmi ces déshérités de la fortune. Envisageant leur sort d'après les lumières de la foi, ils devinrent plus résignés, plus honnêtes, plus respectueux. Par ce moyen, ils se rendirent plus favorables encore les riches que Dieu a établis ici-bas économes des pauvres et ministres de sa providence. Avec le produit d'une quête faite parmi eux ils se bâtirent même un petit oratoire sous les halles, et, chaque soir, on les voyait avec édification s'y rassembler pour y faire leurs prières en commun et réciter le chapelet.

Le soulagement des misères croissantes de la classe pauvre, et l'extirpation des vices de toutes sortes que ces misères engendrent souvent, sont aujourd'hui l'un des plus graves problèmes de la question sociale. Nos économistes en cherchent vainement la solution en dehors de la religion chrétienne et ne la trouvent pas. Qu'ils viennent donc à l'école de Montfort, ce grand ami des pauvres. Son histoire leur apprendra, par des faits nombreux et des plus concluants, que la solution qu'ils cherchent se trouve dans la pratique du saint

Évangile et des lois de l'Église, et ne se peut trouver que là[1].

Après quelques jours de repos dans son ermitage de la forêt de Mervent, Montfort revint à Fontenay prêcher une retraite aux religieuses de Notre-Dame.

A cette retraite se rattache un fait d'une grande importance, la vocation de M. René Mulot, qui fut, après la mort du saint fondateur, supérieur général de la *Compagnie de Marie*. L'abbé René Mulot, originaire de Fontenay, avait le titre de vicaire de Soullans, au diocèse de Luçon ; mais sa santé délabrée l'avait forcé de se retirer momentanément chez son frère, curé de Saint-Pompain, du diocèse de la Rochelle. Ce frère l'envoya à Fontenay prier le saint missionnaire de venir exercer son zèle dans sa paroisse. Or Montfort était alors occupé à la retraite des religieuses de Notre-Dame, et avait encore d'autres engagements postérieurs ; il s'excusa donc de ne pouvoir répondre à l'appel qui lui était fait. Comme l'abbé insistait : *Eh bien*, lui dit-il, *promettez-vous de venir travailler avec moi, le reste de vos jours, et de venir faire votre coup d'essai à la mission que je vais donner à Vouvant? Si vous y consentez, je consens moi-même à aller ensuite à Saint-Pompain, et non autrement.* M. Mulot répondit modestement : « Je suis paralytique, j'ai une oppression de poitrine et des maux de tête qui m'empêchent de dor-

---

[1] On conserve encore, à Fontenay, de précieux souvenirs de la mission du mois de septembre 1715. Il y a une trentaine d'années, un missionnaire de la Compagnie de Marie trouva dans plusieurs anciennes familles quelques-uns de ces *contrats d'alliance* avec Dieu, imprimés sur parchemin, que Montfort distribuait à toutes les personnes qui faisaient leur mission et qu'il signait de sa main. — Ceux-là étaient datés du 9 septembre 1715 et signés *de Montfort*.

mir et les jours et les nuits... Que feriez-vous d'un pareil missionnaire ? — *Ne craignez rien*, répliqua l'homme de Dieu, *vos maux s'évanouiront dès que vous commencerez à travailler au salut des âmes.* »

M. Mulot vit un appel du Ciel dans cette invitation, et, sans hésiter un instant, il prit l'engagement de suivre Montfort.

Il le suivit, en effet, et partagea tous ses travaux jusqu'à ce que la mort vint l'enlever à son affection. Quant à sa santé, elle se remit comme par miracle dès les premiers pas qu'il fit dans la carrière apostolique, selon la promesse du serviteur de Dieu.

Ses débuts avec le saint missionnaire ne furent rien moins qu'encourageants ; car, de toutes les missions prêchées par l'homme de Dieu, celle de Vouvant fut incontestablement la plus pénible pour son cœur d'apôtre, à cause du peu de fruits qu'elle porta. Le démon, sans doute, fit agir tous les suppôts dont il disposait dans cette malheureuse paroisse, et l'éloquence de Montfort épuisa vainement toutes ses ressources contre les scandales, les abus criants et les vices au milieu desquels vivait la population. Il fut bafoué, persécuté, attaqué par ces cœurs égarés et endurcis qui ne purent cependant réussir à lasser sa patience et sa charité, mais qu'il ne put, de son côté, gagner à Jésus-Christ.

Après avoir fait quelques réparations à l'église, il partit pour Saint-Pompain[1]. C'était en plein mois de décembre.

Là, fort heureusement, sa parole trouva plus d'écho dans les âmes. Elle y fut reçue avec foi et un grand

---

[1] *Saint-Pompain*, canton de Coulonges (*Deux-Sèvres*).

désir d'en profiter ; aussi fructifia-t-elle au centuple. Néanmoins la masse du peuple ne s'ébranla pas d'abord sans quelque difficulté, comme le prouve le cantique

intitulé *le Réveille-matin de la mission*, que Montfort composa dans cette circonstance et dont nous avons cité le premier couplet.

Entre autres consolations, le saint missionnaire eut celle de réconcilier publiquement le fermier du seigneur de Saint-Pompain, le curé et une tierce personne, divisés depuis longtemps par une haine qui semblait implacable. Toute la paroisse en fut profondément édifiée.

Il réussit encore à faire abolir une assemblée mondaine et une foire, qui se tenaient le saint jour du dimanche, à Saint-Pompain, de temps immémorial. Cette foire était la source de désordres lamentables et de la plupart des maux dont souffrait cette pauvre paroisse. Pour guérir le mal, il fallait en supprimer la cause ; et la chose présentait des difficultés qui semblaient insurmontables. Montfort l'essaya cependant. Encore s'il n'avait eu affaire qu'aux habitants du lieu et des alentours, peut-être aurait-il pu espérer les amener à la suppression de ces abus, en ce qui les concernait ; car, par son éloquence et ses vertus admirables, il les avait conquis et les avait tous dans la main. Mais comment mettre en déroute, sans recourir à la force armée, tous ces étrangers avides de curiosités, de plaisirs, tous ces marchands avides de gain sur lesquels il n'avait aucune influence ? Or voici ce qu'il imagina pour arriver à ses fins.

Il organisa une procession dont il se fit comme une armée et qu'il dirigea sur le champ de foire, à travers les étalages des marchands, les baraques des saltimbanques et les rondes des musiciens et des danseurs. L'entreprise était audacieuse, dira-t-on, téméraire même, en apparence ; nous en convenons ; mais le zélé missionnaire avait avec lui Celui qui chassait autrefois les vendeurs du temple et qui commandait aux flots et à la tempête. Le pieux stratagème lui réussit d'une manière surprenante.

Dès qu'on vit s'avancer cette longue procession chantante d'enfants, de *vierges* et de *pénitents* ayant pour armes le crucifix et le rosaire, et Montfort à leur tête, une sorte de panique se répandit dans tout le champ de foire ; les rassemblements se dispersaient, danseurs et danseuses s'enfuyaient, les petits marchands décampaient, comme si une armée invisible les eût poursuivis l'épée dans les reins.

La victoire fut complète, et le vaillant apôtre, qui combattait au nom de Dieu et pour Dieu, resta maître du champ de bataille. A partir de ce jour, les foires et assemblées ne se tinrent plus jamais le dimanche à Saint-Pompain.

Un tel fait paraîtra incroyable ; car il est peut-être sans précédent dans les annales de l'apostolat catholique. Mais il est confirmé par un document authentique qui ne permet pas de le révoquer en doute. C'est un cantique que Montfort composa sur un air guerrier, exprès pour cette circonstance. Le lecteur aimera, pensons-nous, à en trouver ici quelques strophes. Il est intitulé : *La déroute des danses abominables et foires païennes de Saint-Pompain.*

> Le crucifix
> A tout rompu, malgré le diable ;
> Le crucifix
> Est triomphant sur les débris
> Et de la foire détestable,
> Et de la danse abominable,
> Le crucifix !

> Que l'on est fort,
> Quand on met sa force en Marie !
> Que l'on est fort !
> En vain la force fait effort ;

On est plus fort, quand on la prie,
Que tout l'enfer en sa furie...
     Que l'on est fort!

     C'est par son Nom
Que Saint-Pompain chante victoire:
     C'est par son Nom
Qu'il vainc, comme fit Gédéon,
En faisant passer avec gloire
La procession par la foire.
     C'est par son Nom.

     Marchez, enfants,
A la tête, petites filles!
     Marchez, enfants,
Comme nos héros triomphants,
Battez des géants à dix mille,
Petit bataillon de pupilles,
     Marchez, enfants.

     Petits Davids,
Prenez vos chapelets pour fronde.
     Petits Davids,
Quoique faibles, quoique petits,
Ne craignez point, bravez le monde.
Frappez le Goliath qui gronde,
     Petits Davids!

     Suivez l'Agneau,
Vierges, n'ayez point d'autre casque,
     Suivez l'Agneau,
Que votre voile et votre anneau;
Où Satan a levé le masque,
Au travers de cette bourrasque,
     Suivez l'Agneau!

     Braves soldats,
Pénitents, c'est vous que j'expose
     Braves soldats,
A la force des potentats...
Que l'orgueil combatte et qu'il glose,
Pieds nus, vous gagnerez la cause,
     Braves soldats!

> Vive Jésus !
> Avec Notre-Dame de grâce !
> Vive Jésus !
> Victorieux de tant d'abus,
> Qui, quoi qu'on dise et quoi qu'on fasse,
> Se rend le maitre de la place...
> Vive Jésus !
> Dieu seul [1].

L'intérêt de cette citation en fera pardonner la longueur. Elle n'est, du reste, qu'une page d'histoire assez peu connue et qui mérite de l'être davantage.

Nous n'avons presque rien dit encore de l'apostolat de Montfort auprès des tout petits enfants, dans le cours de ses missions. Il était loin pourtant d'oublier cette portion chérie du troupeau de Jésus-Christ. Partout où il passait, il faisait une cérémonie pour eux, à laquelle il exposait une statuette de l'enfant Jésus qu'il portait toujours avec lui.

Comme en cette année 1715 il se trouvait à passer les fêtes de Noël à Saint-Pompain, cette pieuse et attirante cérémonie eut dans cette localité un caractère particulièrement touchant. Peut-être y composa-t-il son beau cantique si connu sur le *saint Enfant Jésus*. Toujours est-il qu'il le fit chanter aux enfants de Saint-Pompain, comme l'indique l'une des dernières strophes ainsi conçue :

> Petit troupeau de Saint-Pompain,
> Dis, nuit et jour, soir et matin :
> Je l'aime ! Je l'aime !
> C'est mon Pasteur bénin,
> C'est l'amour même.

Le passage du saint missionnaire de la paroisse de

---

[1] Ce curieux cantique se trouve dans un recueil imprimé à Niort, en 1721.

Saint-Pompain à celle de Villiers-en-Plaine, qui est limitrophe, où il devait aller ensuite, se fit avec un appareil extraordinaire. Prévoyant qu'on l'y conduirait processionnellement, il résolut de faire tourner cette pieuse démonstration à la gloire de Dieu seul, tout en donnant une bonne leçon de respect aux protestants, fort nombreux alors en cette contrée, qui faisaient colporter leurs *bibles* sur les foires et les marchés par de vils commis voyageurs. Dans ce but, il organisa une procession générale jusqu'à Villiers, dans laquelle la sainte Bible était portée triomphalement sous un dais, comme le très saint Sacrement lui-même. L'apôtre-poète trouva encore sur sa lyre un cantique pour la circonstance, qu'il intitula *le saint Voyage.* Son discours d'ouverture de la mission de Villiers, dont le sujet fut *le respect dû aux saintes Écritures,* compléta le bon effet produit par cette démonstration pieuse, et ouvrit les cœurs aux opérations de la grâce divine.

L'un des faits marquants de cette mission fut la conversion d'une jeune dame frivole et mondaine, Mme d'Orion, propriétaire du château de Villiers.

Quelques jours après son retour à Dieu, Montfort crut de son devoir de lui faire une visite à son château. Il accorda à ses hôtes tout ce que la bienséance réclamait de lui en cette rencontre, puis il sortit un instant dans le jardin. Quand on vint pour l'y chercher, dit une relation, « on le vit, dans une allée, priant à genoux, les bras en croix, élevé de plus de deux pieds au-dessus de la terre. » Il fit ensuite ses adieux à Mme d'Orion, et, après lui avoir promis de prier à son intention, il ajouta : *Vive Dieu, Madame..., je mourrai avant que l'année soit finie.*

On était alors à la fin de janvier 1716.

CHAPITRE XVIII

Pélerinage à Notre-Dame des Ardilliers pour obtenir l'établissement de la *Compagnie de Marie*. — Mission de Saint-Laurent-sur-Sèvre. — Maladie et mort du Bienheureux.

(Mars, avril 1716)

D'après la parole qui termine le chapitre précédent, il est clair que Montfort avait le pressentiment de sa fin prochaine. D'où lui venait cette réponse de mort? était-ce de l'affaiblissement de ses forces, du mal latent dont il souffrait depuis son empoisonnement à la Rochelle, ou bien d'un avertissement surnaturel? Nous ne savons. Mais ce qui paraît évident, c'est que ce pressentiment lui inspira un zèle plus ardent que jamais pour se procurer des successeurs et se survivre en eux. Il écrivit, dans ce but, au séminaire du Saint-Esprit, à Paris. Dans ce but encore, il résolut d'aller en pélerinage à *Notre-Dame des Ardilliers*, à Saumur. Trente-trois hommes de Saint-Pompain, dont il avait formé une confrérie de *Pénitents*, s'offrirent à lui pour aller eux-mêmes recommander cette affaire à la Reine du ciel.

Montfort accepta l'offre, et leur donna pour guides et directeurs dans leur pèlerinage les deux premiers prêtres de sa *Compagnie de Marie*, MM. Vatel et Mulot.

Rien n'est édifiant comme le règlement qu'il leur traça à cette occasion. Ne pouvant le reproduire ici en entier, nous en donnerons du moins quelques extraits dont les pèlerins de nos jours pourront tirer quelque profit.

« Vous n'aurez point d'autre vue dans ce pèlerinage que d'obtenir de Dieu, par l'intercession de la sainte Vierge, de bons missionnaires, qui soient doués de sagesse pour connaître, goûter et pratiquer la vertu, et la faire goûter et pratiquer aux autres. »

Recommandation de fuir la singularité : « Vous pourrez cependant, ajoute-t-il, avoir un chapelet à la main et un crucifix sur la poitrine pour marquer que ce n'est pas un voyage que vous faites, mais un pèlerinage. »

Le chant des cantiques, la récitation du saint rosaire, la méditation, devaient occuper la marche. Le silence devait être gardé religieusement, sauf une heure le matin, et une heure le soir.

« En traversant les villages, ils iront tous deux à deux, pour plus grande édification. Ils coucheront tous, s'il est possible, dans la même auberge; les plus pénitents dans le foin et la paille, et les plus faibles dans les lits, après avoir fait la prière en commun. Ils se lèveront dès la pointe du jour et réciteront ensemble une courte prière... et, s'il y a une église dans le lieu où ils auront couché, ils iront y adorer, à la porte, le saint Sacrement en chantant le *Tantum ergo* avec l'oraison.

« Ils tâcheront de jeûner tous les jours de leur marche. (On était en carême.)

« Un quart de lieue avant d'entrer dans la ville de Saumur, ils pourront se déchausser et entrer ainsi, deux à deux, en chantant des cantiques, dans la chapelle de la sainte Vierge.

« Ils se confesseront tous et communieront, au moins une fois, et tous ensemble, à la chapelle de Notre-Dame. Ils demeureront, le reste du jour, à Saumur, non pas pour voir la ville, comme font les curieux, mais pour remercier et prier Dieu, comme de bons *Pénitents.* »

Pour le retour, mêmes dispositions que pour l'aller.

Ce règlement de pèlerinage fut observé ponctuellement. Et c'était un admirable sujet d'édification que de voir passer ces trente-trois *Pénitents*, marchant en silence ou en chantant des cantiques, le plus souvent pieds nus, quoique le froid fût alors très rigoureux. Un curé, non de *Tours*, comme l'a écrit Clorivière, mais plus probablement de *Thouars*, vint les recevoir en surplis à la porte de son église, et leur adressa une allocution touchante sur la pénitence des Ninivites. Presque partout leur piété et leur modestie arrachaient des larmes de dévotion à ceux qui les voyaient passer.

Pendant leur pieux pèlerinage, qui dura sept jours, Montfort, retiré à Saint-Pompain, s'était plongé dans la retraite pour se mieux disposer à l'entreprendre à son tour. En effet, dès que les pèlerins furent rentrés dans leurs foyers, il partit lui-même pour Saumur avec quelques *Frères* qu'il s'adjoignit pour compagnons.

Avec quelle piété, avec quelle ferveur il accomplit ce pèlerinage, on se le figurera sans peine, si l'on veut bien se rappeler la dévotion qu'il montra toute sa vie envers la très sainte Vierge, et notamment dans sa magnifique chapelle de Notre-Dame-des-Ardilliers. C'est là, on s'en souvient, que, jeune prêtre, il était venu mettre sa carrière apostolique sous les auspices de la *Reine des Apôtres*. Et c'est encore là qu'au déclin de sa vie, il vient de nouveau réclamer une bénédiction de *sa bonne Mère* pour lui-même et la double famille qu'il confie à sa sollicitude maternelle, sa petite *Compagnie de missionnaires* et ses chères *Filles de la Sagesse*.

« Après avoir satisfait pleinement sa dévotion, dit Clorivière, il fut rendre visite aux *Sœurs de la Providence*, pour lesquelles il avait une grande estime. L'abbaye de Fontevrault n'est qu'à quatre lieues de Saumur. Ses amis le pressèrent d'y aller voir sa sœur, qu'il aimait beaucoup, et pour qui sa visite aurait été une grande consolation. Mais l'homme de Dieu, qui vivait déjà dans le ciel et qui n'ignorait pas qu'il devait bientôt quitter la terre, ne crut pas devoir s'accorder à lui-même cette innocente satisfaction. Il en fit donc à Dieu le sacrifice, se contenta d'envoyer deux de ses *Frères* à Fontevrault, pour y visiter sa sœur de sa part ; et, dès qu'ils furent de retour, il partit pour Saint-Laurent-sur-Sèvre. »

Ce fut le dernier de ses nombreux voyages sur cette terre. Montfort le sanctifia par un redoublement de pénitences et d'austérités. C'était sa manière à lui d'attirer la miséricorde de Dieu sur les paroisses qu'il se préparait à évangéliser.

Arrivé à Saint-Laurent, le 1er avril 1716, il prit pour demeure le lieu le plus incommode et le plus pauvre qui fût dans le bourg. C'était un petit galetas où il avait pour lit un peu de paille, et pour tout meuble ses instruments de pénitence.

Le premier jour d'avril de cette année tombait le mercredi de la Passion. Le souvenir des souffrances de Notre-Seigneur que cette semaine rappelle inspira à ce grand amant de la croix le désir de se livrer à une pénitence plus rigoureuse. Durant les trois jours qui précédèrent l'ouverture de la mission, il se choisit, au pied des coteaux de la Sèvre, à quelques centaines de pas de l'église, une grotte solitaire où, retiré comme Jésus au jardin des Oliviers, il s'offrait à Dieu, en union avec son divin Maître, en victime volontaire pour l'expiation des péchés des hommes. Il y déchirait son corps à coups de discipline, et la tradition rapporte que les rochers gardèrent longtemps les traces de son sang. Cette grotte se trouve aujourd'hui renfermée dans l'enclos de *la Sagesse*.

La mission s'ouvrit le dimanche suivant, jour des *Rameaux*. Au commencement de la grand'messe, à laquelle il devait prêcher, on fit la procession selon l'usage. Or, lorsqu'elle fut arrivée en face d'une des chapelles latérales où il se tenait pieusement agenouillé, le saint missionnaire se releva soudain par un mouvement subit de sa foi et de son amour envers le signe de notre rédemption, prit la croix processionnelle des mains de celui qui la portait et la porta lui-même jusqu'à la fin. Cet acte de piété, accompli simplement, avec un respect et une modestie admirables, était déjà une véritable prédication; toute la paroisse en fut profondément édifiée.

C'est dans les premiers jours de cette mission que la sœur Marie-Louise de Jésus lui écrivit pour lui demander conseil au sujet de ses épreuves et de ses traverses à la Rochelle. Montfort lui fit une belle réponse que nous allons transcrire tout entière, comme nous l'avons fait pour l'une de ses premières lettres, au début de cette histoire. De même qu'on recueille avec une affection pieusement et scrupuleusement avare les dernières paroles d'une personne aimée qui va mourir, pour se les redire ensuite en famille et se consoler de son absence, le lecteur aimera à entendre encore ici les derniers échos de cette voix si persuasive et si éloquente, surtout lorsqu'elle parlait des mystères adorables de la croix.

« Ma chère fille,

« Vive Jésus! vive sa croix!

« J'adore la conduite juste et amoureuse de la divine Sagesse sur son petit troupeau, qui est logé à l'étroit chez les hommes, pour être logé et caché bien au large dans son divin Cœur, qui vient d'être percé pour cet effet. Oh! que ce sacré cabinet est salutaire et agréable à une âme vraiment sage! Elle en est sortie avec le sang et l'eau, quand la lance le perça; elle y trouve son rendez-vous assuré, quand elle est persécutée de ses ennemis. Elle y demeure *cachée avec Jésus-Christ en Dieu*, mais plus conquérante que les héros, plus couronnée que les rois, plus brillante que le soleil, et plus élevée que les cieux.

« Si vous êtes l'élève de la Sagesse et l'*élue entre mille*, que vos abandons, vos mépris, votre pauvreté et votre prétendue captivité vous paraîtront doux! puisque, avec toutes les choses de prix, vous achetez la sagesse, la liberté, la divinité du Cœur de Jésus crucifié!

« Si Dieu ne m'avait pas donné des yeux autres que ceux que m'ont donnés mes parents, je me plaindrais, je m'inquiéterais avec les fous et les folles de ce monde corrompu; mais je n'ai garde de le faire. Sachez que j'attends d'autres renversements plus considérables et plus sensibles pour notre foi et notre confiance à l'épreuve, pour fonder la communauté de la Sagesse, non pas sur le sable mouvant de l'or et de l'argent dont le monde se sert, tous les jours, pour fonder et enrichir ses appartements; non pas aussi sur les bras de chair d'un mortel, qui n'est tout au plus, quelque puissant qu'il soit, qu'une poignée de foin, mais pour la fonder sur la sagesse même de la Croix du calvaire.

« Elle a été teinte cette divine et adorable croix, elle a été teinte et empourprée du sang d'un Dieu; choisie pour être de toutes les créatures la seule épouse de son cœur, le seul objet de ses désirs, le seul centre de toutes ses prétentions, la seule fin de tous ses travaux, la seule arme de son bras, le seul sceptre de son empire, la seule couronne de sa gloire et la seule compagne de son jugement. Et cependant, par un incompréhensible jugement, cette croix a été abattue avec mépris et horreur, cachée et oubliée dans la terre pendant quatre cents ans !

« Mes chères filles, appliquez ceci à l'état où vous vous trouvez actuellement. Je vous porte partout, jusqu'au saint autel. Je ne vous oublierai jamais, pourvu que vous aimiez ma chère croix, en laquelle je vous suis allié, tandis que vous ne ferez point votre propre volonté, mais la sainte volonté de Dieu, dans laquelle je suis tout à vous. »

C'était ses adieux à ses *chères Filles de la Sagesse*, les derniers mots qu'il leur adressa; car dans son testament, où il s'occupera longuement de ses *missionnaires* et de ses *chers Frères du Saint-Esprit,* il ne fera pas même mention d'elles.

La mission de Saint-Laurent, commencée sous l'impression si favorable que l'homme de Dieu donna, dès le premier jour, de sa piété et de son amour envers la croix, se poursuivit au milieu de la ferveur générale.

D'après la tradition, là comme à la Garnache, comme à Roussay, comme à Fontenay et à Mervent, la sainte Vierge lui apparut sous la forme d'une belle dame, et s'entretint familièrement avec lui.

Comme c'est ordinairement pendant qu'il priait retiré dans la solitude que *sa bonne Mère* le venait ainsi visiter, et que ce n'est qu'accidentellement qu'on put être témoin de ces insignes faveurs, la multiplicité de ces faits connus, arrivés en divers lieux et d'une manière presque identique, semblerait autoriser à croire que la Reine du ciel honorait ainsi habituellement de sa présence visible son dévot serviteur.

Est-il besoin d'ajouter après cela que son apostolat à Saint-Laurent était béni de Dieu, et faisait présager les fruits les plus consolants? Déjà la mission approchait de son terme, et Montfort avait choisi l'éminence sur laquelle il se proposait d'élever le calvaire qui devait en perpétuer le souvenir, quand on apprit l'arrivée prochaine de Mgr l'évêque de la Rochelle.

Cette nouvelle remplit de joie le cœur du vaillant ouvrier évangélique; car il vénérait en Mgr de Champflour, non seulement un représentant du Pasteur suprême, un prélat d'une piété sage et éclairée, d'une doctrine sûre qui ne s'était jamais compromise avec les subtiles erreurs de son temps; mais il aimait aussi un père plein d'affection qui l'avait accueilli avec bonté, lorsque tant d'autres le repoussaient, qui l'avait toujours soutenu dans les luttes, avait encouragé, béni ses travaux, et favorisé de tout son pouvoir l'organisation et le développement de ses œuvres. Aussi voulut-il lui préparer, à Saint-Laurent, une réception magnifique, qui fût en même temps un témoignage de sa foi, de son respect et de son amour filial.

Mais le mal qu'il se donna dans ce but acheva de briser ses forces déjà chancelantes. Il fut pris d'une fausse pleurésie; et, le jour venu, il put tout juste assister à la belle procession qu'il avait organisée avec tant de fatigues. Au retour, tandis que les autres ecclésiastiques et toute la paroisse en fête accompagnait l'évêque à l'église, et de là chez M. le doyen de Saint-Laurent, lui, était obligé par la violence du mal à se retirer dans sa chambre.

Cependant il devait prêcher dans l'après-dîner. Craignant que son silence, en cette circonstance solennelle, ne fût mal interprété et ne nuisît au succès de son ministère, il ne voulut point écouter les conseils de la prudence et de l'amitié. A l'heure dite, il montait en chaire; mais il y parut si pâle, si défait, que tout le monde fut pris de compassion pour lui. On craignit qu'il ne pût aller jusqu'au bout de son discours.

Il prêcha sur *la douceur de Jésus.*

On eût dit le Sauveur lui-même faisant, au sortir de la cène, ses derniers adieux à ses apôtres. Sa voix, faible au début, s'anima peu à peu. Il traita son sujet d'une manière si émouvante, que lorsqu'il en vint au baiser perfide que le divin Sauveur reçut de Judas la veille de sa mort, et aux paroles pleines d'affection et de douceur avec lesquelles il accueillit ce malheureux disciple, son émotion gagna l'auditoire, qui se mit à fondre en larmes avec lui.

Ce fut son dernier triomphe oratoire.

En descendant de chaire, il fut obligé de se mettre au lit, c'est-à-dire sur un peu de paille. Toutefois, le mal empirant chaque jour, il consentit, par obéissance à son confesseur, à se laisser coucher sur un matelas. Et ce fut en cet état qu'il demanda lui-même et reçut les derniers sacrements.

M. Mulot, qui ne quittait guère son chevet, lui ayant témoigné les larmes aux yeux la peine qu'il ressentait en voyant quelle perte les missions allaient faire à sa mort, vu qu'il n'y avait personne qui pût le remplacer, Montfort lui prit les mains et l'exhorta vivement à continuer ses travaux.

Celui-ci s'excusant sur son peu de force et de capacité : *Ayez confiance, mon fils,* lui dit-il en lui serrant la main, *ayez confiance, je prierai Dieu pour vous, je prierai Dieu pour vous!*

A cette promesse effective de l'homme de Dieu M. Mulot attribua toujours le courage et la force avec laquelle il put encore, durant de longues années, continuer les travaux apostoliques de celui dont il se faisait gloire d'être le disciple.

Il n'y avait encore que cinq jours que le saint missionnaire était malade, et déjà il était aux portes du tombeau.

Le 27 avril, sentant sa fin prochaine, il voulut dicter son testament, qui débute ainsi :

« Je soussigné, le plus grand des pécheurs, veux que mon corps soit mis dans le cimetière, et mon cœur sous le marchepied de l'autel de la sainte Vierge.

« Je mets entre les mains de Mgr l'évêque de la Rochelle et de M. Mulot mes petits meubles et livres de mission, afin qu'ils les conservent pour l'usage de mes quatre frères, unis avec moi dans l'obéissance et la pauvreté, savoir : frère Nicolas, de Poitiers, frère Philippe, de Nantes, frère Louis, de la Rochelle, et frère Gabriel, qui est avec moi, tandis qu'ils persévéreront à renouveler leurs vœux tous les ans; aussi pour l'usage de ceux que la divine Providence appellera à la même communauté du saint-Esprit. »

Il lègue ensuite sa croix et ses statues du calvaire de Pontchâteau aux sœurs des Incurables de Nantes; trois de ses étendards à *Notre-Dame de Toute-Patience,* à la Séguinière; les quatre autres à *Notre-Dame de la Victoire,* à la Garnache; et, à chaque paroisse de l'Aunis, où le rosaire persévérera, une de ses bannières du Rosaire.

C'était là ses trésors, ses biens les plus précieux.

« Après ces dernières dispositions, dit Clorivière, M. Montfort ne pensa plus qu'à la mort. Désirant mourir comme il avait vécu, il pria qu'on lui laissât ses chaînettes de fer, qu'il portait au cou, aux bras et aux pieds, en signe de son dévouement pour la Mère de Dieu, et comme les marques de la dévotion du saint esclavage. Il prit aussi d'une main le crucifix qu'il avait apporté de Rome, et auquel le Saint-Père avait attaché une indulgence plénière à l'heure de la mort. Ses yeux étaient constamment fixés sur ces images; et il les baisait avec une tendre dévotion, en invoquant les saints noms de Jésus et de Marie.

« Cependant un grand nombre de personnes s'étaient assemblées à la porte de sa chambre et demandaient à le voir une dernière fois. Le missionnaire pria qu'on les laissât entrer. Elles ne furent pas plus tôt en sa présence qu'elles se mirent toutes à genoux et lui demandèrent sa bénédiction, en poussant des gémissements et des sanglots. L'homme de Dieu s'en défendit, disant qu'il était un trop grand pécheur et qu'il n'en avait point le pouvoir. Mais sur ce que M. Mulot lui dit de les bénir avec son crucifix, afin que ce fût Jésus-Christ et non pas lui qui les bénit, il consentit à le faire de cette manière.

« Sa chambre était trop petite pour contenir tous ceux qui désiraient avoir le même avantage. Il fallut, pour satisfaire leurs désirs, qu'elle se vidât et se remplît successivement jusqu'à trois fois. Alors le missionnaire, ranimant toutes ses forces à la vue de ce peuple qui fondait en larmes, et voulant lui inspirer les sentiments dont il était lui-même pénétré, se mit à chanter le couplet suivant, qui commence un de ses cantiques de la mission :

> Allons, mes chers amis,
> Allons en paradis;
> Quoi qu'on gagne en ces lieux,
> Le paradis vaut mieux !

« Au milieu des enivrements de la croix, observe

M. Pauvert, la vie de Montfort avait été un chant d'espérance. Il avait chanté, au milieu des peuples, Dieu, Jésus-Christ et sa divine Mère; au milieu des injures, il avait chanté ses cantiques de résignation; sur les ruines de son calvaire, il avait chanté le triomphe de la croix; dans ses chants, il avait bravé la fureur des éléments et la rage des corsaires; intrépide Jonas, il avait chanté au milieu de toutes les tempêtes qui l'avaient submergé; il ne voulut pas se taire au milieu des angoisses suprêmes. »

« Un moment après, continue Clorivière, il tomba dans une espèce d'assoupissement; puis, s'étant réveillé tout tremblant, il dit à haute voix : *C'est en vain que tu m'attaques; je suis entre Jésus et Marie... Deo gratias et Mariæ!... Je suis au bout de ma carrière... C'en est fait, je ne pécherai plus !*

« Et il expira doucement, sur les huit heures du soir, un mardi, le 28 avril 1716. »

Le B. Montfort était alors âgé de quarante-trois ans, deux mois et vingt-huit jours.

———

CHAPITRE XIX

Après la mort d'un être chéri ou vénéré, on a coutume aujourd'hui de le faire revivre en image par la photographie ou la peinture. C'est encore un témoignage d'affection que l'on donne à son souvenir. Nous ferons la même chose ici, en retraçant aussi fidèlement que possible le portrait physique de Montfort, d'après ce qu'en ont dit ses plus anciens historiens, MM. Blain, Grandet et Clorivière.

Le saint missionnaire était d'une taille au-dessus de la moyenne et d'une constitution forte et robuste, mais affaiblie par ses travaux, ses marches, ses austérités et ses fatigues de toutes sortes. Il avait les cheveux châtains et les portait courts, retombant à plat sur le front, le visage un peu allongé, le front large et élevé, le nez aquilin, mais sans être aussi cavé qu'on le représente d'ordinaire, le menton long, les joues vermeilles, les yeux grands et vifs, et néanmoins empreints d'une douceur profonde à laquelle ajoutait encore sa modestie habituelle.

Tel fut, dans son extérieur, le B. Louis-Marie Grignon de Montfort [1].

Nous n'ajouterons pas le portrait de son intérieur, le tableau de ses vertus : il ressort suffisamment de sa vie tout entière. Toutes ses actions n'ont-elles pas été l'expression, la fleur, le parfum, le fruit des plus admirables vertus ?

Un pieux auteur a dit que la mort d'un saint est comme la secousse qui brise un vase rempli de parfum. A peine le vase est-il brisé que le parfum s'en exhale et répand de toutes parts sa suavité. C'est ce qui arriva aussitôt après la mort de Montfort.

Le bruit de cette mort ne fut pas plus tôt répandu, que chacun, à l'envi, proclama sa sainteté. On ne tarissait pas de louanges sur ses éminentes vertus. On accourut de toutes parts pour lui rendre hommage, mais avec l'intention de se recommander plutôt à

---

[1] On a de lui plusieurs portraits exécutés à diverses époques. — Une demoiselle de Nantes réussit à le prendre, à son insu, peu de temps après son arrivée à Nantes, pendant qu'il était en action de grâces au pied de la croix, dans l'église de Saint-Clément. Mais les difficultés que le pinceau avait à vaincre ne lui permirent pas de reproduire bien exactement les proportions de sa haute et virile stature. — Un autre a été découvert à la Chèze, en 1863, qui le représente avec sa grande taille, dans le costume du missionnaire apostolique, ne portant plus le rabat français et prêchant en surplis à larges manches. Ce tableau, dont nous avons parlé, servait de devant d'autel dans la chapelle de *Notre-Dame de Pitié* ou *de la Croix*. — Il y a aussi le tableau de Rennes, qui passe pour l'un des plus ressemblants.

Enfin, parmi les modernes, nous mentionnerons, comme l'un des meilleurs, le tableau de M. Claudius Lavergne, qui représente Montfort donnant l'habit de la religion à la sœur Marie-Louise de Jésus.

ses suffrages et à sa protection que de prier pour lui.

« Le bourg de Saint-Laurent, dit Clorivière, fut bientôt rempli de toutes sortes de personnes, qui venaient
même de fort loin lui rendre leurs devoirs. Tous les
curés et ecclésiastiques des environs vinrent à ses funé-
railles, qui se firent le lendemain de sa mort, au soir. »

Son corps demeura exposé jusqu'à ce moment dans
la nef de l'église, et chacun vint, par dévotion, y faire
toucher des chapelets, des images, des crucifix, des
mouchoirs. Afin d'empêcher qu'on ne coupât ses cheveux et ses habits, les *Pénitents* qu'il avait établis
durant la mission durent faire la garde autour de son
cercueil. Et quand vint le moment de la séparation, et
que le corps fut déposé dans la terre, la douleur de tous,
contenue jusque-là, fit explosion par des larmes, des
gémissements, des cris lamentables. C'était une famille
qui pleurait un père, et qui croyait avoir tout perdu en
le perdant.

Mgr de Champflour ne fut pas l'un des moins sensibles à cette douloureuse nouvelle. Lorsqu'on lui
annonça la mort du saint missionnaire, il ne put retenir
ses larmes, et dit à ceux qui l'entouraient qu'il venait
de perdre *le meilleur prêtre de son diocèse*.

La mémoire de Montfort fut célébrée dans deux
oraisons funèbres, dont l'une fut prononcée dans l'église
même de Saint-Laurent-sur-Sèvre, et l'autre, à la
Rochelle, chez les Pères de la Compagnie de Jésus.
Ceux-ci lui témoignèrent ainsi leur vénération et leur
affection, en retour de la confiance et de l'attachement
dont il les avait lui-même constamment honorés.

Comme on l'aura remarqué, l'humble missionnaire
avait demandé dans son testament qu'on enterrât son

Tombeau du Bienheureux dans l'ancienne église.

corps dans le cimetière et que son cœur fût placé sous le marchepied de l'autel de la sainte Vierge. Mais, après sa mort, on outrepassa son désir, et l'on déposa son corps entier dans la chapelle de la sainte Vierge, *sa bonne Mère* du ciel, qu'il avait tant aimée, honorée et chantée sur la terre.

Dès ce moment, le tombeau du Bienheureux devint le but de pèlerinages ininterrompus.

L'année suivante, 12 novembre 1717, on exhuma le saint corps pour lui donner une sépulture plus honorable. C'est alors que son tombeau fut transféré dans le lieu où il se voit encore, et qu'on l'orna d'une belle épitaphe latine attribuée à M. Blain.

Voici la traduction de cette épitaphe :

Passant, que vois-tu ?

Un flambeau éteint !

Un homme consumé par le feu de la charité

Qui se fit tout à tous,

Louis-Marie Grignon de Monfort.

Si tu demandes quelle fut sa vie, aucune ne fut plus pure ;

Sa pénitence, aucune ne fut plus austère ;

Son zèle, aucun ne fut plus ardent ;

Sa dévotion envers Marie,

Personne ne ressembla mieux à saint Bernard.

Prêtre de Jésus-Christ, il retraça dans sa vie l'image de Jésus-Christ.

Partout il prêcha par sa parole ;

Infatigable, il ne se reposa que dans la tombe.

Il fut le père des pauvres,

Le protecteur des orphelins,

Le réconciliateur des pécheurs.

Sa mort glorieuse fut semblable à sa vie :

Il est mort comme il avait vécu ;

Mûr pour Dieu, il s'envola au ciel.

Sa mort arriva le 28e jour du mois d'avril,

L'an de Notre-Seigneur 1716 ;

De son âge la 43e.

M. Barrin, grand vicaire de l'évêque de Nantes, qui fut toujours l'ami et le protecteur de Montfort, envoya une plaque de marbre avec une inscription destinée à être placée près de son tombeau.

Elle porte ces mots :

« Ici repose le corps de messire Louis-Marie Grignon de Montfort, excellent missionnaire, dont la vie a été très innocente, dont la pénitence a été admirable, dont les discours, remplis de la grâce du Saint-Esprit, ont converti un nombre infini d'hérétiques et de pécheurs, dont le zèle pour l'honneur de la très sainte Vierge et l'établissement du saint Rosaire a persévéré jusqu'au dernier jour de sa vie. Il est mort en faisant une mission dans cette paroisse, le 28 avril 1716.

« Pour gage de sa tendresse,

« M.-L. BARRIN,

Chantre, chanoine dignitaire et grand vicaire
de l'église cathédrale de Nantes.

Ces marques d'honneur ne firent qu'accroître l'affluence des pèlerins au tombeau du serviteur de Dieu. On ne se contentait pas de prier auprès, de le baiser avec respect ; mais on s'efforçait d'en détacher quelques fragments, ne fût-ce qu'un peu de poussière, que l'on emportait comme un pieux souvenir ou comme un remède à quelque maladie dont on demandait la guérison par l'intercession du bienheureux missionnaire. Et plus d'une fois, assure-t-on, cette poussière a opéré des miracles.

A propos de miracles, nous aurions ici beaucoup à dire, si nous voulions raconter les grâces innombrables, et corporelles et spirituelles, obtenues au tombeau de

Montfort. Mais ce n'est pas seulement quelques pages, c'est tout un volume qu'il faudrait pour contenir ces récits émouvants et glorieux. Et ce volume, il serait interminable ; car la dévotion des peuples envers le *Père Montfort* va toujours croissant ; et le *Père Montfort* est toujours secourable à ceux qui l'invoquent avec foi et persévérance. Chaque année, on enregistre de nouveaux miracles attribués à sa puissante médiation. Et, si l'on osait lui contester ce titre de thaumaturge, des centaines de témoins encore vivants se lèveraient de tout l'Ouest, de l'Aunis, du Poitou, de la Bretagne, pour protester et affirmer hautement les grâces miraculeuses dont ils lui sont redevables.

Au surplus, l'Église a parlé et a jugé cette cause.

La sainteté du serviteur de Dieu, ainsi attestée par la dévotion privée et spontanée des populations, ne devait pas rester dans l'oubli. De toutes parts on demandait à l'Église d'ériger en autel son glorieux tombeau. C'est pourquoi la cause de béatification du *Père Montfort* fut introduite. Cette introduction, qui lui conférait le titre de *Vénérable,* fut signée le 7 septembre 1838. Rome, qui procède toujours avec une sage lenteur, ne termina le procès relatif aux *écrits* du Vénérable que le 7 mai 1853 ; celui des *vertus,* le 29 septembre 1869 ; celui des *miracles,* le 21 février 1886. La fin de la procédure fut signée le 21 novembre de la même année.

Enfin, sur les pressantes instances de Mgr Catteau, évêque de Luçon, le 22 janvier 1888, le souverain Pontife Léon XIII le proclama solennellement *Bienheureux.*

Nous ne referons pas, dans ces pages, l'histoire des

fêtes auxquelles donna lieu cette proclamation si ardemment souhaitée et attendue. Cette histoire, elle est inoubliable. Dans les contrées jadis évangélisées par Montfort, les âmes chrétiennes vibrent encore sous le coup des douces et puissantes émotions que ces fêtes leur ont causées; les échos des cités et des bourgades, des bois et des montagnes redisent encore les refrains des cantiques enthousiastes que leur jetaient des milliers et des milliers de voix, ne se lassant jamais de répéter : *Priez pour nous, Bienheureux Montfort!*

Malgré cela, comme ces belles démonstrations furent le couronnement sur la terre de la vie admirable du serviteur de Dieu, il est de notre devoir d'en consigner en ces pages le souvenir précis.

A Rome, la cérémonie de la béatification fut célébrée dans l'*aula massima*, ou grande salle de la *loggia*, au-dessus du vestibule de la basilique de Saint-Pierre, au milieu d'une noble assistance de plus de trois mille personnes.

Sa Grandeur Mgr Richard, archevêque de Paris, officiait au nom du Souverain Pontife.

« Jamais nous n'oublierons, écrivait Mgr l'évêque de Luçon dans sa lettre pastorale du 8 mai 1888, l'impression mystérieuse qui s'empara de tout notre être, quand, après la lecture du bref de béatification, le voile qui couvrait l'apothéose du Père Montfort tomba subitement et que le Bienheureux nous apparut tout inondé de lumière, montant dans la gloire, entouré des anges qui portaient la *croix*, le *rosaire* et le livre admirable des *règles* qu'il a laissées à ses enfants. Tandis que l'Église de la terre, pour la première fois, offrait, avec l'encens, le parfum de ses hommages aux ossements précieux que nous avions, peu de mois auparavant, tirés de l'obscurité du tombeau, il nous semblait voir l'Église du ciel saluer avec amour l'immortel triomphateur. »

Le souverain Pontife comblait de faveurs les pèlerins de la Vendée, qui ne savaient comment lui témoigner leur vénération et leur gratitude.

On se souvient du splendide *rosaire d'or* offert alors à Sa Sainteté, à l'occasion de son jubilé sacerdotal, par le diocèse de Luçon. C'était bien, comme l'a dit excellemment Mgr Catteau en le présentant, *l'offrande qui convenait aux enfants de l'apôtre du Rosaire, du Bienheureux Montfort.*

Dans la semaine qui suivit la cérémonie solennelle de la béatification, un *triduum* fut célébré à Rome, dans notre église nationale de Saint-Louis-des-Français. Après l'hommage de l'Église universelle, c'était l'hommage de la France chrétienne que devait suivre celui de la Vendée.

Nous aimons à mentionner, parmi les orateurs qui se firent entendre pendant ce *triduum*, un enfant de Saint-Laurent-sur-Sèvre, devenu enfant du Bienheureux Montfort, le R. P. Célestin Deval, dont l'éloquence chaleureuse et entraînante rappela, en cet instant, celle de Montfort lui-même. Dans sa personne et par sa bouche, c'était déjà la Vendée qui louait le grand serviteur de Dieu au nom de la France entière.

Mais la Vendée, la *seconde patrie* de Montfort, où se leva pour lui ce jour glorieux que l'Église appelle si bien *dies natalis*, le jour de sa naissance à la vie bienheureuse de l'éternité, la Vendée devait parler pour son propre compte et faire à son apôtre un triomphe digne de lui et digne d'elle.

Elle parla d'abord par la voie éloquente de son évêque bien-aimé, dans ce *Mandement* du 8 mai 1888 qui ne fut pas, certes, la note la moins vibrante du concert de louanges dont il annonçait l'ouverture pour le 1er juin suivant.

Elle parla par la voix joyeuse de toutes ses cloches qui, le soir du 3 juin, s'ébranlèrent ensemble et chantèrent sur tous les tons, du bocage au marais, du marais à la plaine : Gloire ! gloire au Bienheureux Montfort !

Elle parla par ces solennités indescriptibles dont le bourg de Saint-Laurent fut le théâtre durant trois jours, où figurèrent *quinze prélats* et *trois abbés mitrés*, l'élite du clergé séculier et régulier de tous les diocèses de l'Ouest, des sénateurs et des députés, et plus de *quatre-vingt mille* pèlerins.

Elle parla par la voix de cette foule immense chantant par tous les chemins : *Priez pour nous, Bienheureux Montfort !*

Elle parla enfin par la voix des orateurs qui vinrent tour à tour, dans des discours variés de fond et de forme, proclamer la gloire du saint missionnaire : Mgr Ardin, évêque de la Rochelle; Mgr Richard, archevêque de Paris ; le R. P. Jules Trotin, supérieur général de la congrégation des Enfants de Marie Immaculée; M. l'abbé Simon, vicaire général de Luçon ; le R. P. Nauleau, de la Compagnie de Jésus; le R. P. Matthieu-Joseph Rousset, des Frères Prêcheurs ; et l'illustre et regretté Mgr Freppel, évêque d'Angers.

Là ne se borna pas l'hommage de la Vendée. Pen-

Église du tombeau du Bienheureux à Saint-Laurent-sur-Sèvre (Vendée).

dant que, de toutes parts, son exemple excitait une
émulation pieusement jalouse, à l'église Saint-Sulpice,
à Paris, à Poitiers, à Nantes, à la Rochelle, à Montfort,
diocèse de Rennes, où l'on organisait aussi des *triduum*, elle se levait en masse avec son sacré cœur sur
la poitrine et son rosaire à la main pour aller de nouveau chanter la gloire de Montfort dans les lieux de
son territoire sanctifiés et illustrés à jamais par son passage et ses prédications. Elle recommençait à Saint-
Laurent ses pèlerinages régionaux qui n'ont pas cessé
depuis; elle se portait en masse à la grotte de Mervent,
à la chapelle de *Notre-Dame de la Victoire*, à la Garnache, à la cathédrale de Luçon, pour le *triduum*
solennel qui clôtura les fêtes de la béatification, au
jour anniversaire de la cérémonie de Saint-Pierre de
Rome. En maints endroits, la statue du nouveau Bienheureux était érigée dans les églises, à la grande joie
de la population chrétienne. En un mot, ce fut un
magnifique mouvement de foi, de prière et de louanges
dont on gardera bien longtemps le salutaire et fortifiant
souvenir.

La Vendée, — personne ne le contestera, — et
l'Ouest avec elle, ont noblement rempli leur devoir
dans ces mémorables circonstances. Est-ce à dire que
cette vaillante et fidèle contrée, qui doit tant au Bienheureux Montfort, a suffisamment payé sa dette de
reconnaissance envers lui? Nous ne le pensons pas.

Le vieux bourg de Saint-Laurent-sur-Sèvre, *la ville
sainte de la Vendée*, ainsi que l'a baptisé Mgr Freppel,
était bien beau à voir, sans doute, dans sa radieuse
parure de fête, avec ses maisons rajeunies et pavoisées
d'oriflammes multicolores, avec ses rues enguirlandées

de *rosaires* de fleurs et de verdure, pendant les solennités que nous venons de rappeler. Mais tout cela a disparu avec le soleil de la fête... On devine ce que nous voulons dire.

Oui, il faut à Saint-Laurent, au-dessus du tombeau du Bienheureux, autre chose que ces trophées éphémères ; il faut un monument durable, comme ceux que la foi de nos aïeux du moyen âge élevait à la gloire de *Notre-Dame* et des saints protecteurs de notre pays. Il faut enfermer le tombeau de Montfort dans un splendide *reliquaire* de pierre qui unisse la grâce et la richesse à la grandeur et à la majesté ; dans une basilique, en un mot, dont tous les ornements, les sculptures, les peintures, etc., raconteront aux yeux la merveilleuse histoire du saint missionnaire et chanteront bien haut, dans tous les siècles à venir, la fidélité reconnaissante des enfants dont il a évangélisé les pères.

Hâtons-nous de dire que le vœu que nous venons d'exprimer a été compris, et bien compris ; qu'il a déjà reçu un bon commencement d'exécution.

Le pèlerin qui n'a pas revu Saint-Laurent depuis les solennités du *triduum* ne sera pas peu surpris, en effet, s'il y revient, d'y voir, à côté de la monumentale chapelle de la Sagesse et de sa flèche aérienne, la masse imposante d'une belle construction romane qui plonge ses contreforts de granit jusque dans le fond de la vallée où coule la Sèvre. C'est la nouvelle église élevée sur le tombeau de Montfort, ou plutôt ce n'est que l'abside, le chœur, le transept et la crypte de cette église dont le gros œuvre est loin encore d'être complètement terminé.

En y entrant, il retrouvera, dans la partie gauche du transept, *la relique,* le saint tombeau, à sa même place toujours, et toujours le même. Peut-être regrettera-t-il de ne pas retrouver enchâssée également, dans ce *reliquaire* aux vastes proportions, la vieille et si pieuse chapelle de la sainte Vierge tout entière, avec son autel antique, sa Madone et sa rustique balustrade au bois noirci et brûlé par les bouts de cierges allumés par des générations de pèlerins qui ont prié là, en faisant *un voyage au bon Père Montfort;* mais il se réjouira néanmoins en contemplant la magnificence du lieu saint, et il ne pourra s'empêcher de féliciter intérieurement et ceux qui en ont conçu le plan grandiose et ceux qui ont si bien commencé à l'exécuter.

Nous espérons qu'il ne se contentera pas d'admirer, mais qu'il voudra bien, avant de sortir, y laisser une généreuse offrande pour la continuation et l'achèvement des travaux.

Pieux pèlerins ou pieux lecteurs, — ce sera le dernier mot de cette histoire, — veuillez écouter favorablement l'humble supplique que nous vous adressons dans ce but. Vous acquerrez ainsi un titre qui ne sera pas vain et sans récompense, celui de *logeur du bon Dieu,* de la Vierge Marie, sa Mère, et de leur *bienheureux* serviteur, Louis-Marie Grignon de Montfort !

LITANIES

DU BIENHEUREUX

LOUIS-MARIE GRIGNON DE MONTFORT

Seigneur, ayez pitié de nous.
Jésus-Christ, ayez pitié de nous.
Seigneur, ayez pitié de nous.
Jésus-Christ, écoutez-nous.
Jésus-Christ, exaucez-nous.
Père céleste, qui êtes Dieu, ayez pitié de nous.
Fils Rédempteur du monde, qui êtes Dieu, ayez pitié de nous.
Esprit-Saint, qui êtes Dieu, ayez pitié de nous.
Trinité sainte, qui êtes un seul Dieu, ayez pitié de nous.
B. P. Montfort, fidèle imitateur de Jésus-Christ, priez pour nous.
B. P. Montfort, prédicateur éloquent de la croix,   priez.
B. P. Montfort, chantre du sacré Cœur,   priez.
B. P. Montfort, dévot esclave de Jésus en Marie,   priez.
B. P. Montfort, apôtre du très saint rosaire,   priez.
B. P. Montfort, homme d'oraison,   priez.
B. P. Montfort, prodige de mortification,   priez.
B. P. Montfort, amant passionné de la pauvreté.   priez.
B. P. Montfort, champion intrépide de la vérité,   priez.
B. P. Montfort, défenseur ardent de la foi catholique,   priez.
B. P. Montfort, zélateur infatigable de la gloire de Dieu et du salut
    des âmes, priez pour nous.
B. P. Montfort, restaurateur des temples du Seigneur,   priez.
B. P. Montfort, père des pauvres,   priez.
B. P. Montfort, secours des infirmes et des malades,   priez.
B. P. Montfort, instituteur de l'enfance et de la jeunesse,   priez.
B. P. Montfort, fondateur de congrégations religieuses,   priez.
B. P. Montfort, modèle des prêtres et des missionnaires,   priez.
Obtenez-nous la véritable sagesse, B. P. Montfort.
Obtenez-nous l'esprit de foi, B. P. Montfort.
Obtenez-nous l'esprit de prière, B. P. Montfort.
Obtenez-nous l'esprit d'humilité, B. P. Montfort.
Obtenez-nous l'amour de la croix, B. P. Montfort.

Obtenez-nous votre vraie dévotion à Marie, B. P. Montfort.

Obtenez-nous votre amour pour l'Église, B. P. Montfort.

Obtenez-nous votre dévouement au Vicaire de Jésus-Christ, B. P. Montfort.

Obtenez-nous votre obéissance filiale au Pape infaillible, B. P. Montfort.

Obtenez-nous votre courage dans les épreuves, B. P. Montfort.

Obtenez-nous votre amour de la vie cachée, B. P. Montfort.

Obtenez-nous votre zèle pour la conversion des pécheurs, B. P. Montfort.

Obtenez-nous la persévérance dans le bien, B. P. Montfort.

Obtenez-nous la grâce d'une bonne mort, B. P. Montfort.

Agneau de Dieu, qui effacez les péchés du monde, pardonnez-nous, Jésus.

Agneau de Dieu, qui effacez les péchés du monde, exaucez-nous, Jésus.

Agneau de Dieu, qui effacez les péchés du monde, ayez pitié de nous, Jésus.

℣. Bienheureux Père Montfort.

℟. Intercédez pour nous.

ORAISON

O Dieu, qui avez fait du B. Louis-Marie, votre confesseur, un remarquable prédicateur du mystère de la croix et du très saint rosaire, et par lui avez enrichi l'Église d'une nouvelle famille; faites que, grâce à son intercession, nous obtenions la récompense du salut éternel, par la vie, la mort et la résurrection de votre Fils unique, qui vit et règne avec vous en l'unité du Saint-Esprit dans les siècles des siècles. Ainsi soit-il.

Nous approuvons ces litanies en l'honneur du B. Montfort, Nous en autorisons la récitation privée, et Nous accordons quarante jours d'indulgence.

Luçon, le 1er mai 1888.

CLOV. Jh., Év. de Luçon.

APPENDICE

SYLVIE ET GENEVIÈVE OU LA BONNE BERGÈRE

PASTORALE

PAR LE B. MONTFORT

2. Ici, loin du grand monde,
    Faisons notre séjour;
    Dans une paix profonde
    Parlons du saint amour.
        2ᵉ Ref. *Tout autre amour.*

GENEVIÈVE

3. Ah! que je suis ravie
    D'avoir votre entretien;
    Parlons, chère Sylvie,
    De votre unique bien!
        Je ne veux rien, etc.

4. Ces campagnes sont pures,
    Tout est saint en ce lieu,
    Toutes les créatures
    Nous y parlent de Dieu.
        Tout autre amour, etc.

5. Ces rochers, ces masures,
    Ces brebis, ces agneaux,
    Ces bois et leurs verdures
    Bénissent le Très-Haut.
        Tout autre amour, etc.

SYLVIE

6. Êtes-vous bien contente?
    Ne vous manque-t-il rien?
    N'avez-vous point l'attente
    De quelque plus grand bien?
        Je ne veux rien, etc.

GENEVIÈVE

7. Sachez, ma bien-aimée,
    Que mon cœur est content :
    Je suis pauvre et cachée;
    Mais mon bonheur est grand.
        Tout autre amour, etc.

8. Assise sur l'herbette,
    Au milieu de ces bois,
    J'aime mieux ma houlette
    Que le sceptre des rois.
        Tout autre amour, etc.

9. Je trouve plus de gloire
    A garder mon troupeau
    Qu'à remporter victoire
    Sur un monde nouveau.
        Tout autre amour, etc.

10. Soit qu'il vente ou qu'il mouille,
    L'hiver comme l'été,
    Je file ma quenouille
    Chantant avec gaieté :
        Tout autre amour, etc.

SYLVIE

11. N'êtes-vous pas sensible
    Aux plaisirs, aux honneurs,
    A ce monde visible,
    Qui ravit tant de cœurs?
        Je ne veux rien, etc.

GENEVIÈVE

12. Je laisse aux grands la terre
    Et je choisis les cieux;
    Dieu me garde de faire
    Ma demeure en ces lieux.
        Tout autre amour, etc.

13. Le monde et sa figure
    Passent trop promptement;
    Dans le ciel je m'assure
    D'un bonheur permanent.
        Tout autre amour, etc.

SYLVIE

14. Quoi donc, rien ne vous pèse
    Dans ce délaissement?...
    Quoi! vous êtes à l'aise!
    Je ne vois pas comment.
        Je ne veux rien, etc.

15. Sans toit, sans couverture,
    Couverte de haillons,
    Vous souffrez les injures
    De toutes les saisons.
        Je ne veux rien, etc.

16. Le monde vous délaisse
Dans votre pauvreté ;
Votre maître et maîtresse
Sont pleins de dureté.
Je ne veux rien, etc.

GENEVIÈVE

17. Malgré toutes ces peines,
J'ai mon cœur, nuit et jour.
Plus content que les reines
Au milieu de leur cour.
Je ne veux rien, etc.

18. J'ai Jésus et Marie
Gravés dedans mon cœur :
Puis-je avoir, mon amie,
Un plus parfait bonheur ?
Je ne veux rien, etc.

19. J'ai dans cette retraite
Un très doux entretien :
Chaque chose en cachette
Me parle et fait du bien.
Je ne veux rien, etc.

20. L'une me mortifie
Et l'autre me nourrit ;
Celle-ci m'humilie,
Et cette autre m'instruit.
Je ne veux rien, etc.

21. Quand je vois cette plaine.
J'y vois mon cher Amant :
Sa beauté souveraine
En fait tout l'ornement.
Je ne veux rien, etc.

22. Quand je vois la vitesse
De ce petit levraut,
J'accuse ma paresse
A chercher le Très-Haut.
Je ne veux rien, etc.

23. Les eaux, dans leur murmure.
Accusent ma tiédeur
Et condamnent l'injure
Que je fais au Seigneur.
Je ne veux rien, etc.

24. Ces rochers immobiles
Ont un air innocent ;
Ils condamnent les villes
Où l'air est si méchant.
Je ne veux rien, etc.

25. Ici, dans le silence,
Tout parle, en vérité,
Tout prêche l'innocence
Et la simplicité :
Je ne veux rien, etc.

26. Mes brebis sont l'exemple
De toutes les vertus ;
Lorsque je les contemple,
Je crois voir mon Jésus.
Je ne veux rien, etc.

27. Quelle est leur innocence !
Quelle est leur charité !
Quelle est leur patience !
Et leur humilité !
Je ne veux rien, etc.

28. Mon plaisir est extrême,
Voyant le firmament !
Quel est l'ouvrier même,
Si l'ouvrage est si grand !
Je ne veux rien, etc.

29. Quand j'entends le ramage
Et le chant des oiseaux,
Je chante en mon langage.
Au son des chalumeaux :
Je ne veux rien, etc.

30. A la gloire et louange
De Jésus mon amour,
Nous faisons un mélange,
Nous chantons tour à tour :
Je ne veux rien, etc.

31. Tout mon bien, ma bergère,
Et ma gloire est en moi :
Je n'estime sur terre
Que le don de la foi.
Je ne veux rien, etc.

32. Fi du monde qui passe
    Avec ceux qui sont fous !
    Il souille, il embarrasse,
    Il les fait périr tous.
      Je ne veux rien, etc.

33. J'aime mieux mes masures
    Que les palais des grands ;
    J'aime mieux mes verdures
    Que leurs vains ornements.
      Je ne veux rien, etc.

34. Comme de la fougère,
    Qui ne sert qu'en fumier,
    Ainsi je fais litière
    Du monde tout entier.
      Je ne veux rien, etc.

35. Retentissez, campagnes,
    Sautez, petits agneaux,
    Répondez-moi, montagnes,
    Par le bruit des échos.
      Je ne veux rien, etc.

36. Chantez, chers pâturages,
    Chantez, petits ruisseaux,
    Chantez, petits bocages,
    Chantez, petits oiseaux !
      Je ne veux rien, etc.

37. Jésus est notre maître ;
    Loin d'ici le pécheur !
    Tout en ce lieu champêtre
    Rend à Dieu tout honneur.
      Je ne veux rien, etc.

38. Régnez, Vierge Marie,
    Dans le plus haut des cieux !
    De tous soyez bénie
    Jusque dans ces bas lieux !
      Je ne veux rien, etc.

39. Chantons, chère Sylvie :
    Je vous bénis, Jésus,
    Je vous bénis, Marie ;
    Donnez-nous vos vertus.
      Je ne veux rien, etc.

Dieu seul.

TABLE

CHAPITRE IX

CHAPITRE X

CHAPITRE XI

CHAPITRE XII

CHAPITRE XIII

CHAPITRE XIV

AUX SÉMINAIRES, COLLÈGES, PENSIONNATS
ET ÉCOLES CATHOLIQUES

Publications musicales, pour fêtes et soirées, avec accompagnement de piano.

Départ et Retour, mélodie pour soirée et distribution de prix. Net . . . . 1 fr. 50

Mousse et Berger, scène et duetto. (Les deux chanteurs doivent être costumés, l'un en petit mousse et l'autre en berger avec béret, guêtres, panetière et houlette. La mise en scène est des plus gracieuses.) Net . . . . 1 fr. 50

Les Quatre âges, ou l'usage des doigts, boutade-chansonnette très humoristique. Net . . . . 1 fr.

L'Écho, petite scène à plusieurs personnages, pour compliment de fête. Effets d'harmonie imitative (très facile). Net. . . . . . 2 fr.

La Guerre des deux Roses, ou la rivalité de la rose *rouge* et de la rose *blanche*. Scène et duetto concertant pour fêtes. Net. 2 fr.

Les Belles Lettres, petite scène gracieuse pour compliment de fête, avec chœur à deux voix (très facile). Net. . . . . 2 fr.

Margarita, jolie cantate pour fête. Solo et chœur. Net. . 1 fr. 50

Alleluia, petite cantate avec prologue, pour une visite épiscopale de confirmation . . . . 1 fr. 50

NOTA. — Des remises seront faites pour les commandes en nombre, pour lesquelles il est préférable de s'adresser à l'auteur, à SAINT-ÉTIENNE-DU-BOIS (Vendée).

LIBRAIRIE SAINT-JOSEPH

L.-J. BITON

A Saint-Laurent-sur-Sèvre (Vendée)

AU PROFIT DE L'ŒUVRE DE LA CONSTRUCTION DE L'ÉGLISE DU TOMBEAU
DU B. MONTFORT

Ex-voto de marbre blanc avec inscriptions gravées. Ne sont acceptés
que ceux qui réunissent les dimensions et la forme déterminées
par le conseil de l'œuvre. Ces ex-voto doivent être demandés à
M. le curé de Saint-Laurent-sur-Sèvre.

Lampes brûlant près du tombeau du Bienheureux, pour neuf
jours. 1 fr. 50

Lampes brûlant près du tombeau du Bienheureux, pour un mois. 5 fr.

Cierges, depuis 25 cent. jusqu'à . . . . 5 fr.

**Béatification du serviteur de Dieu, L.-M Grignon de
Montfort.** — Histoire du procès, cérémonies de la béatification,
fêtes de Saint-Laurent et de Luçon, et panégyriques prononcés
dans ces circonstances. 1 vol. in-8° de 270 pages, relié imitation
toile, tr. jaspée, 1 fr., franco . . . . 1 fr. 45

Décoration spéciale des pèlerins du B. Montfort, imprimée
en couleurs sur toile et découpée en ovale festonné. Au recto : le
sacré Cœur de Jésus rayonnant, entouré d'un chapelet et accompagné des devises : *A Jésus par Marie ; Dieu seul.* Au verso :
*Arrête, le Cœur de Jésus est là ! Bienheureux Montfort, esclave
de Jésus en Marie, priez pour nous.*
Cette décoration convient pour tous les pèlerinages au sacré Cœur et
à la sainte Vierge. La douz., 50 cent. ; franco, 55 cent. Le cent, 3 fr.,
franco . . . . 3 fr. 10

Guide et Manuel du pèlerin au tombeau du B. Montfort,
comprenant une préface, des cantiques en l'honneur du Bienheureux, cinq cantiques composés par le Bienheureux, sa méthode
pour réciter le rosaire, la messe du Bienheureux et le Credo.
L'ex., 20 cent. ; franco, 25 cent. — 25 ex., 4 fr. 50 ; franco, 5 fr. 15.
— 50 ex., 8 fr. ; franco, 9 fr. — 100 ex., 16 fr. ; franco. . 17 fr.

Histoire de la Congrégation de la Sagesse, par le R. P. Fonteneau, 1 vol. in-8°, 4 fr. ; franco. . . . . 4 fr. 50

Histoire populaire illustrée du B. L.-M. Grignon de Montfort, par l'abbé H^{te} Boutin. In-8° illustré de nombreuses gravures dans le texte et hors texte, et orné d'une couverture illustrée recto et verso et imprimée en plusieurs couleurs. L'exemplaire, 2 fr.; franco, 2 fr. 70. Remises par nombre.

Litanies du B. Montfort, 1 feuille double, in-18. Le cent, 2 fr. 50: franco, 2 fr. 60. — La douz., 40 cent.; franco . . . . 45 cent.

Litanies du B. Montfort, grand format, collées sur carton, 50 cent.; franco . . . . 65 cent.

Photographie de l'église du tombeau du Bienheureux, sur carte. . . . . 50 cent.
Sur album. . . . . 1 fr.

Vie du B. Montfort, par le R. P. Fonteneau. 1 vol. in-8° de 600 pages, 4 fr.; franco . . . . 4 fr. 75

EXTRAIT DU CATALOGUE

DE LA LIBRAIRIE SAINT-JOSEPH DE L.-J. BITON

Amour de la divine Sagesse, par le B. Montfort. In-18 de 228 pages, 1 fr.; franco . . . . 1 fr. 15

B. L.-M. Grignon de Montfort. Notice sur la vie du saint missionnaire, suivie de sa méthode pour réciter le saint rosaire. Avec couverture spéciale imprimée en chromo et représentant le Bienheureux au milieu de ses œuvres, dans un encadrement à grand effet, orné des attributs du Bienheureux. L'ex., 15 cent.; 50 ex., 6 fr.; 100 ex. . . . . 10 fr.

Cantiques du B. Montfort, en usage dans les missions et les retraites prêchées par les prêtres missionnaires de la Compagnie de Marie, fondée par le B. Montfort. Grand in-18 de 84 pages, 15 cent.: franco. . . . . 25 cent.
Avec reliure moleskine, tr. rouge, 25 cent.; franco. . . 35 cent.

Lettre aux amis de la croix du B. Montfort, in-32, 15 cent.: franco. . . . . 20 cent.

Mois de Marie, extrait des œuvres du B. Montfort, par l'abbé Baraud. In-32, 1 fr.; franco . . . . 1 fr. 15

Le Règne de Jésus par Marie, par un missionnaire de la Compagnie de Marie. 1 vol. in-32, reliure percaline, l'ex., 1 fr. 20, franco . . . . 1 fr. 50

Le Secret de Marie dévoilé à l'âme pieuse du B. Montfort. Grand in-32 de 72 pages, 20 cent.; franco . . . . 25 cent.
Avec reliure moleskine, tr. rouge, 30 cent.: franco. . . 35 cent.

Traité de la vraie dévotion à la sainte Vierge, du B. Mont-
fort. In-18 de 238 pages, 1 fr.; franco . . . . 1 fr. 15
Avec reliure percaline avec filets à froid, 1 fr. 60; franco, 1 fr. 80
**Vie admirable de la servante de Dieu, Marie-Louise de
Jésus**, première supérieure des Filles de la Sagesse. Grand in-32
de 32 pages illustrées. L'ex., 20 cent.; franco. . . . . . 25 cent.

ŒUVRES DU R. P. FONTENEAU

DE LA COMPAGNIE DE MARIE

Histoire de la Congrégation de la Sagesse, in-8º et **Vie du
B. Montfort**, in-8º. (Voir les prix précédemment.)
**Poésies religieuses et inédites du B. Louis-Marie Grignon
de Montfort**. In-18 de près de 400 pages. Paroles seules. . 2 fr.
Paroles et musique . . . . 2 fr. 30
Sœur Agnès ou la Fille de la Sagesse. Épisode édifiant de la Révo-
lution. In-12, 75 cent.; franco . . . . 1 fr.

ŒUVRES DU R. P. A. LHOUMEAU

DE LA COMPAGNIE DE MARIE

EX-MAITRE DE CHAPELLE DE SAINT-ANDRÉ DE NIORT

Cantiques du B. Montfort, mis en musique avec accompagnement d'orgue (ouvrage d'une grande valeur). 1 beau vol. Net. 6 fr.
**Rhythme, exécution et accompagnement du chant grégo-
rien.** 1 vol. in-8º, honoré d'une lettre très élogieuse de Dom
Pothier. Une série d'exercices rythmés et gradués termine ce
volume imprimé avec soin et renfermant, dans 312 pages de texte,
plus de 400 exemples de plain-chant et de musique. L'ex. . 4 fr.
franco . . . . 4 fr. 50
(*En souscription.*) **Pièces de chant grégorien**, en 5 livraisons,
rythmées et harmonisées pour orgue avec ou sans pédale.

**Essais liturgiques sur la disposition intérieure et l'orne-
mentation des églises**, par le R. P. F.-X. Rio, de la Compagnie
de Marie. In-8º, 2 fr. 50; franco . . . . 2 fr. 90
Dépôt d'ouvrages de chant grégorien. — Édition de Solesmes.

IMAGERIE

Gravures très fines, sur acier, avec texte biographique au verso, format Letaille, 0^m124 × 0^m08.

1re *Planche.* — Le B. Montfort, dans l'attitude de la prière, compose les Constitutions de la Compagnie de Marie et des Filles de la Sagesse.

2e *Planche.* — Au premier plan, le B. Montfort admet à la profession religieuse sœur Marie-Louise de Jésus; le second plan représente les Filles de la Sagesse dans leurs différents emplois.

Encadrées d'un filet or, les 13/12 . . . . 1 fr. 50

—   —   avec dentelle, les 13/12. . . . . 2 fr. »

Gravure chromo représentant le B. Montfort méditant sur la croix et le saint rosaire, dans un riche et gracieux ornement de style, tirage très soigné en or et couleurs sur papier carte glacé, avec texte au verso.

Même genre, représentant sœur Marie-Louise de Jésus, première supérieure des Filles de la Sagesse.

Sans dentelle, les 13/12 . . . . 1 fr. »

Avec dentelle,   —   . . . . 1 fr. 50

Héliogravure (Dujardin), très soignée, du tableau peint par Claudius Lavergne, représentant le B. Montfort, fondateur de la Compagnie de Marie, des Filles de la Sagesse et des Frères du Saint-Esprit. Le tableau a fait partie de l'exposition vaticane du jubilé sacerdotal de Sa Sainteté Léon XIII. A la fin de février 1889, le Souverain Pontife en a fait hommage à la nouvelle église du tombeau du Bienheureux.

Sur chine et papier très fort, 0^m55 × 0^m36, l'ex., *net* . . 1 fr. »

franco . . . . 1 fr. 20

Lithographie, représentant le tableau précédent, imprimé sur fond chine, 0^m55 × 0^m36, 50 cent.; franco. . . . . 70 cent.

Lithographie, très soignée, représentant le B. Montfort prêchant la croix et le saint rosaire, imprimée sur demi-jésus, 0^m55 × 0^m36.

Tirage à bras sur chine et papier fort, l'ex., 50 cent.; franco, 70 cent.

Tirage mécanique sur papier mince, — 25 — — 40 —

Les 13/12, 2 fr. 50; franco . . . . 2 fr. 90

Plusieurs autres gravures sont en préparation.

Statues du B. Montfort, pour églises, chapelles, oratoires et salons. — **Statuettes** du Bienheureux et de sœur Marie-Louise de Jésus, artistiques et ordinaires, en métal, plastique fin, plâtre durci décoré très soigneusement. — **Médailles** en or, argent, aluminium, bronze, cuivre, de tous modèles et de tous prix. — **Ex-voto.** — **Châsses.** — **Reliquaires**, etc.

Gros et détail. — Demander les Tarifs complets.

23816. — Tours, impr. Mame.

Des indigents, il est écrit
    Qu'ils sont la vive image,
Les lieutenants de Jésus-Christ,
    Son plus bel apanage.
Mais on pourrait dire encor mieux :
    Ils sont Jésus-Christ même,
On aide, où l'on refuse, en eux
    Ce Monarque suprême.

(Montfort)